BIBLIOTHÈQUE CONTEMPORAINE

ALPHONSE KARR

EN FUMANT

DEUXIÈME ÉDITION

PARIS
MICHEL LÉVY FRÈRES, LIBRAIRES-ÉDITEURS
RUE VIVIENNE, 2 BIS
1862

EN FUMANT

Paris. — Impr. PILLET fils aîné, rue des Grands-Augustins, 5,

EN FUMANT

PAR

ALPHONSE KARR

PARIS
MICHEL LÉVY FRÈRES, LIBRAIRES-ÉDITEURS
RUE VIVIENNE, 2 BIS
—
1861
Tous droits réservés

EN FUMANT

I

FÉROCITÉ D'UN MARCHAND DE GILETS DE FLANELLE.

Quand j'ai quitté la France, j'ai prié mon ami Paillard de Villeneuve de me faire envoyer la *Gazette des Tribunaux;* c'est une recette que je recommande aux absents plus ou moins volontaires : elle est excellente contre la nostalgie; — nostalgie... effaçons ce mot pédant, et mettons en sa place le mot vulgaire, qui est si beau : *le mal du pays.*

Dans la *Gazette des Tribunaux,* — cette lecture tellement saine pour les absents, — que voit-on? Un bulletin quotidien de la guerre la plus implacable, la plus fertile en trahisons et en embûches; la guerre de l'argent, — des voleurs, des assassins, des faussaires, des incendiaires, des empoisonneurs, — des avocats bavards, etc.

Et on se dit :

— Il se passe de jolies choses dans mon pays. Décidément, il fait bon vivre ailleurs.

Et on se sent tout consolé.

L'autre jour, en prenant ma lecture de la *Gazette des Tribunaux*, — tisane amère et fortifiante, — j'ai remarqué ceci :

Un étranger arrive à Paris; un marchand de chemises et de gilets de flanelle présente requête pour le faire arrêter et mettre immédiatement en prison, — parce que, suivant le marchand de chemises et de gilets de flanelle, — cet étranger lui doit deux mille cinq cents francs. La loi est, à ce qu'il paraît, formelle en ces cas; — si l'étranger ne dépose pas une caution égale à la somme réclamée, le marchand le fait serrer en prison, où il attendra que la justice ait prononcé sur la réclamation.

Dans la circonstance présente, l'étranger déposa

les deux mille cinq cents francs, et attendit tranquillement le jugement en se livrant aux distractions ou aux affaires qui l'avaient attiré à Paris.

Ce jugement arriva, et la justice décida que la réclamation du marchand était mal fondée et que l'étranger ne lui devait rien.

Supposez un moment que pareille avanie fût arrivée à un étranger qui n'aurait pas été riche, qui ne serait venu en France qu'avec la somme nécessaire à son voyage, qui y serait venu pour travailler...

Mais — je plaide mal — il ne faut pas intéresser seulement les pauvres à la cause que je défends; intéresser les victimes, c'est facile, et cela ne sert à rien. Pour gagner leur procès, il faut établir que les plus riches eux-mêmes courent le même danger.

Reprenons notre premier voyageur; il est riche, il n'a eu qu'à ouvrir son portefeuille et compter deux mille cinq cents francs pour fournir la caution exigée.

Mais qui empêchait le marchand de gilets de flanelle de lui demander, au lieu de deux mille cinq cents francs — dix mille francs, vingt mille francs, cent mille francs, enfin une somme supérieure de vingt-cinq centimes à celle qu'il avait disponible? Il lui aurait fallu aller bel et bien en prison.

Eh bien, c'est là une loi qui a le défaut de rappeler celles de la Tauride, — où l'on sacrifiait les voyageurs aux faux dieux, — et les lois non écrites de certains pays où on les mange. Nous ne sommes plus au temps où le Français, qui ne voyageait pas et ne savait que sa langue, considérait les voyageurs comme des êtres d'une nature différente, — des monstres, — des gens surtout à la place desquels on n'avait pas beaucoup de chances de se trouver, et auxquels, sans grand danger de représailles, on pouvait appliquer des lois exceptionnelles et féroces.

Mais, aujourd'hui, grâce aux chemins de fer, le Français voyage déjà un peu, et, grâce à l'accroissement des besoins, il voyagera bientôt comme l'Anglais et l'Américain.

J'appuie sur cette seconde cause de voyage; car, sans cela, le Français, en général, n'est pas voyageur, et ne le sera peut-être jamais pour son plaisir; et cela s'explique facilement quand on veut bien considérer que la plupart des habitants des autres pays qui voyagent, voyagent surtout pour venir en France et à Paris.

Donc, les Français sont et seront plus exposés que les autres à voyager avec peu ou point d'argent.

Cette loi même hostile aux étrangers a été également établie dans d'autres pays — probablement à l'exemple de la France. Il appartient à la France de donner l'exemple de l'abrogation. On l'a dit à propos de révolutions, et on peut le dire à bien d'autres propos, en bien comme en mal :

« Quand la France joue du violon, le monde entier se met à danser. »

Il ne faut pas plaisanter avec la liberté. — Pour moi, je mets dans l'ordre des peines l'emprisonnement au-dessus de la mort ; mais c'est peut-être un sentiment ou une sensation *individuelle* : — presque seul et peut-être seul en France, j'ai voté pour le maintien de la peine de mort. — Je me rappelle que j'ai formulé ainsi mon opinion : « Effaçons la peine de mort, je le veux bien ; mais que MM. les assassins commencent. »

J'ai, d'autre part, été opiniâtrement opposé à l'emprisonnement cellulaire, que j'ai mis, dans l'ordre des cruautés, au-dessus de la torture et de la question. — Sur ce point, beaucoup de gens sont aujourd'hui devenus de mon avis.

On m'a conté qu'une loi à peu près semblable a été abrogée ou modifiée en Angleterre; et voici dans quelle circonstance :

D'après cette loi, un Anglais, sur sa déclaration faite en certaines formes, pouvait faire arrêter et emprisonner un étranger qu'il affirmait être son débiteur. Seulement, il devait, dans l'espace de vingt-quatre heures, avoir confirmé et appuyé sa déclaration, sinon de preuves, du moins de documents d'une certaine valeur.

Un capitaine... comment l'appellerai-je ?... Il me semble qu'il y a assez d'Anglais qui s'appellent William pour que ce nom ne désigne personne qui pourrait s'en offenser; car ce capitaine est une rare exception dans ce pays où la probité commerciale est incontestable, et dépasse de beaucoup la probité politique.

Pour moi, je ne connais absolument de ce nom que Shakspeare, et il est hors de tout soupçon.

Ce capitaine William s'était fait livrer une notable quantité de marchandises par un négociant dont je ne sais ni le nom ni le pays, et il avait complétement et soigneusement négligé d'en effectuer le payement.

Il y avait, dans ce temps-là, un pays appelé les Indes que les Anglais civilisaient, à ce u'ils disaient, et qui était pour eux la source d'un immense revenu.

Le capitaine William n'attendait qu'un vent avorable pour se mettre en route pour cet heureux pays, avec les marchandises tout arrimées dans son navire, marchandises sur lesquelles, vu le prix de revient, il ne pouvait manquer de faire de gros bénéfices, et Dieu — ou plutôt le diable — sait de quels vœux il appelait ce vent favorable.

Mais le négociant étranger n'avait pas tout à fait perdu de vue ses marchandises ; — ses *requêtes à l'effet de payement* étant restées sans résultat, il avait cessé d'écrire ; mais il se transporta lui-même à Londres.

Il était temps.

Le vent, opiniâtrément contraire, annonçait, par des signes certains pour les marins, qu'il allait, sous quelques heures, changer de direction; le lendemain, probablement, le voyage du négociant eût été inutile.

Mais enfin il arrive, il se fait indiquer le meilleur hôtel et s'y installe commodément.

Il déjeune confortablement et fait chercher un homme de loi pour conférer avec lui du sujet de son voyage.

L'homme de loi arrive; les pièces à l'appui de la réclamation du négociant sont scrupuleusement examinées; son droit est inattaquable : les marchandises non payées sont sa propriété; la revendication en est certaine et inévitable. Il y a quelques démarches à faire; on demande une voiture : le négociant prend sa canne et son chapeau et va sortir, lorsque des officiers de justice se présentent et, à la requête du capitaine William, l'arrêtent comme débiteur envers William d'une somme précisément égale à celle qu'il venait réclamer dudit capitaine. — Il se récrie, il s'emporte, il invoque l'appui de son homme de loi.

Celui-ci se déclare impuissant; la loi est formelle.

— Mais est-il bien sûr que vous ne devez rien à ce capitaine William?

— Mais absolument rien, c'est lui, le coquin ! qui est mon débiteur.

— Vous êtes certain qu'il ne pourra donner aucune preuve à l'appui de sa prétention?

— Aucune... Nous n'avons jamais eu d'affaires ensemble que celle pour laquelle je viens le poursuivre à Londres.

— Alors, ne vous inquiétez pas : cette arrestation que vous subissez est provisoire, la loi veille pour vous; si, dans vingt-quatre heures, le capitaine William n'a pas fourni, à la justice, des preuves à l'appui de sa réclamation, vous serez immédiatement mis en liberté.

— Vous êtes certain?

— Absolument certain; la reine elle-même ne pourrait vous retenir en prison une minute au delà des vingt-quatre heures.

— Vous me rassurez.

— Mais vous êtes bien certain, vous, de ne rien lui devoir?

— Puisque je vous dis qu'au contraire...

— Alors dînez bien, buvez une bouteille de vin de Porto et dormez tranquille: dans vingt-quatre heures juste, je viendrai à votre hôtel — vous pouvez commander le déjeuner d'avance — et nous entamerons votre affaire.

— A la bonne heure! c'est que cela fait toujours un certain effet d'être mené en prison, surtout en pays étranger.

L'avocat fait confirmer par le constable que, si le capitaine William ne peut pas donner — sous vingt-quatre heures — la preuve que le négociant étranger est son débiteur, celui-ci sera immédiatement remis en liberté.

— Allons, monsieur le sollicitor, je suis tout à fait tranquille; je vais suivre votre conseil, et boirai un verre de *claret* à votre santé. A demain! je vous attends à déjeuner; vous aimez les huîtres?

— Oui, certes! à demain.

Le négociant entre gaiement en prison, en riant de l'impression pénible qu'il avait éprouvée au premier moment. Il dîne copieusement, boit à la santé de son avocat, et dort du sommeil du juste... qui a bien dîné.

Le lendemain, comme l'avocat l'avait annoncé, le capitaine William n'avait fourni aucune preuve que le négociant étranger fût son débiteur; aussi, conformément à la lettre stricte de la loi, vingt-quatre heures après l'emprisonnement, minute pour minute, le prisonnier était mis dehors et déjeunait à son hôtel avec son avocat.

Seulement, le capitaine William avait profité du vent favorable et de l'emprisonnement de son créancier pour mettre à la voile et partir pour les Indes!

II

DE LA VANITÉ FRANÇAISE.

D'après les récits que me faisaient les voyageurs, je craignais qu'il ne fût mort en France un vice qui a fait de tout temps la grandeur et la gloire de ce pays d'avant-garde : je veux parler de l'orgueil; d'autres récits sont venus me rassurer en me montrant bien vivante la vanité, qui est l'écume de l'orgueil, — la vanité, qui est l'orgueil des petites âmes.

Une loi a dû être promulguée contre ceux qui s'arrogent de faux titres, de faux noms, de fausses décorations.

Des chevaliers de divers ordres ont été amenés devant les tribunaux, où, de tous leurs titres, il ne leur est resté que celui de chevaliers d'industrie; et, là, on a vu qu'ils avaient trouvé des acquéreurs pour des titres imaginaires, pour des rubans, des couleurs les plus variées et les plus tendres — rose, lilas, gorge de pigeon, etc.

Ne désespérons jamais d'un pays où l'on paye dix mille francs le droit de porter à sa boutonnière un ruban ridicule, et où la mercerie, entendue d'une certaine façon, fait vivre largement ceux qui savent l'exploiter.

Les Français aiment les distinctions; si les petits esprits, les petites âmes achètent des rubans et des titres, soyez certains que les autres ne reculeront pas devant le danger ni devant le travail pour les mériter.

En 1848, il fut question de supprimer les titres nobiliaires; — je crois même qu'une loi parut un moment à ce sujet, — une loi qui dura huit jours, une sorte de loi follette sur laquelle je fus le premier à souffler.

Ce n'est pas pour rien que la Providence a mis l'orgueil au cœur de l'homme : — en général, la Providence n'est pas aussi étourdie qu'on semble le croire; — les passions et les besoins, que des gens sévères et bêtes appellent dédaigneusement des vices, sont des forces qu'il faut traiter comme des chevaux, les conduire et non les abattre.

Il y a des corvées nécessaires à l'humanité auxquelles ne suffisent pas les muscles de l'homme et auxquelles des instincts également nécessaires opposeraient une résistance invincible. L'orgueil, le désir de l'approbation, ajoute alors aux muscles et à l'âme une force surnaturelle et imprévue, — et les corvées sont faites.

C'est une belle monnaie que celle qui paye honorablement avec quelques lettres ajoutées au nom, ou un bout de ruban accroché à l'habit, tant de choses que l'on ne pourrait obtenir pour de l'argent ou, du moins, qu'on ne pourrait payer avec de l'argent sans les déshonorer et peut-être les détruire.

C'est une monnaie bien puissante entre les mains des chefs des nations, — et c'est une bien grande sottise de leur part que d'en laisser abaisser le titre ou diminuer la valeur.

Le feu roi Louis-Philippe montra quelquefois à ce sujet un laisser aller qu'on pourrait appeler une indifférence inintelligente de la part d'un autre, mais qu'il faut plutôt attribuer à une rancune contre une partie de l'aristocratie française qui s'était tenue écartée de lui.

Un des plus dévoués députés vint, un jour, lui demander pour son fils un titre quelconque, baron, vicomte, n'importe quoi. Il s'agissait pour le jeune homme d'un magnifique mariage, et c'était une condition *sine quâ non*. Le roi refusa opiniâtrément; le député s'en allait tristement, le roi le rappela.

— Ah çà! mon cher, lui dit-il, je ne puis pas donner un titre à votre fils...; mais qui diable l'empêche de le prendre?

Sur la fin du règne de Louis-Philippe, l'opposition crut le désarmer en faisant voter contre lui une loi qui, je crois, subsiste encore : cette loi imposait l'obligation d'inscrire au *Moniteur* le nom de tout nouveau décoré avec un exposé des titres qui lui avaient valu cette distinction.

C'était, au contraire, rendre de la force à ce moyen d'action un peu usé par la prodigalité; mais, de même que l'opposition se trompait, le gouvernement se trompa aussi en éludant la loi — c'est-à-dire en adoptant des formules vagues et nuageuses.

Conseils bienveillants aux comtes apocryphes,
aux pseudo-marquis, aux barons de contrebande, etc.

Ce qui me préoccupe aujourd'hui, c'est la situation embarrassante de tous ces pauvres marquis, comtes, vicomtes, barons et chevaliers de contrebande, qui ont à confesser publiquement leur usurpation en quittant des titres qu'ils s'étaient donnés eux-mêmes ; la même vanité qui pousse les gens à s'affubler de titres qui ne leur appartiennent pas, leur rend plus douloureuse cette opération expiatoire.

J'ai cherché à leur usage un certain nombre de procédés pour diminuer la douleur de l'extirpation et pour éluder l'humiliation. Je vais consigner ici le résultat de mes méditations.

Premier moyen. « Ma fortune n'est pas au niveau du nom de mes pères ; il est ridicule de voir un comte de X*** à pied dans la rue et demeurant au troisième étage ; je vais voiler mon écusson, jusqu'au moment où la fortune me sera plus favorable. »

Deuxième moyen. « Partisan de l'égalité, je veux donner un gage et une preuve de mes sentiments : je dépose sur l'autel de l'humanité les hochets brillants que m'avaient légués mes ancêtres. »

Troisième moyen. « Ma foi, je suis fort embarrassé, je ne puis faire mes preuves qu'en établissant qu'un de mes aïeux a eu la tête tranchée pour avoir arrêté des diligences, tandis qu'il eût été pendu s'il avait été roturier ; j'aime mieux y renoncer. »

Quatrième moyen. « Je suis amoureux fou d'une femme charmante ; mais elle a été élevée dans des sentiments républicains inexpugnables : — elle ne portera jamais un titre. — La faire marquise... ah bien, oui ! — Je serai roturier mais heureux. — Je prie mes amis de ne plus me donner mon titre, ils feraient manquer mon mariage. »

Cinquième moyen. « Décidément, c'est trop cher d'être baron — surtout pour moi qui voyage beaucoup ; ce qui coûte deux sous pour tout le monde, me coûte cinq francs, à moi. Je refuse cet impôt, j'aime mieux dépenser mon argent à autre chose ; je ne suis plus baron. »

Sixième moyen. « Jusqu'ici, je m'étais affublé d'un titre à cause d'une vieille tante qui en raffolait et qui eût laissé sa fortune à un mauvais petit drôle de cousin si je n'avais flatté sa manie ; mais, maintenant qu'elle est devenue ancêtre elle-même et que j'ai palpé l'héritage, je vous avertis que la plaisanterie est finie et que l'on me désobligerait en me continuant ce sobriquet; je reste seigneur de quarante mille livres de rentes, et c'est tout. »

Septième moyen. « Mon nom, illustre entre tous, est un nom militaire : j'ai un fils qui est myope et d'une santé délicate. — Ce nom serait un sarcasme perpétuel pour lui, ou bien il se croirait obligé de le soutenir et se tuerait; je renonce au nom et au titre. »

Huitième moyen. « Mes chers amis, j'ai mille pardons à vous demander. Figurez-vous que je vous ai crus assez bêtes pour penser que j'augmenterais votre estime pour moi, en me faisant noble de mon autorité privée; — je vois avec joie que je m'étais trompé. — L'épreuve s'est faite à la gloire de votre bon sens; la mascarade est finie, je ne suis plus le comte de V***, mais seulement un tel, comme devant. »

Neuvième moyen. « L'abolition du droit d'aînesse est un progrès honorable pour l'esprit humain; mais, si cette abolition est effectuée pour la fortune, elle ne l'est pas pour les titres. J'ai deux fils; le premier seul porterait mon titre : il n'y aurait plus d'égalité, conséquemment plus d'amitié franche entre les frères. J'ai trouvé un moyen pour parer à ce danger, qui me préoccupait beaucoup, c'est d'y renoncer moi-même. »

Dixième moyen. « Imaginez-vous qu'en 1848, quand on nous a ôté nos titres, j'étais furieux; j'ai obéi à la loi pendant les quinze jours qu'elle a vécu — et je m'en suis si bien trouvé! plus d'ennuyeux devoirs de société et de position! — Je ne m'aviserai pas de revenir là-dessus. »

Onzième moyen. LE MARI. « J'avais cédé à une sotte vanité de ma femme; mais je m'en suis expliqué clairement — elle restera comtesse, si ça lui plaît; — mais je vous prie de m'appeler désormais votre ami ***. » LA FEMME. « Je ne sais si c'est par vanité ou par intérêt que mon mari s'était donné le titre de comte; jeune et sans expérience, j'ai pu me résigner à prendre un rôle dans cette comédie; — mais elle est trop longue — et il sera comte tant qu'il voudra; — pour moi, je ne veux plus être une comtesse de chrysocale. »

Douzième moyen. « C'est une triste situation que de

porter un nom et un titre illustrés par un mort et de n'être rien soi-même. J'ai décidé de me faire un nom qui m'appartienne. Parmi les noms de ma famille, j'en ai trouvé un qui présente toutes les conditions de vulgarité désirable; c'est un nom comme étaient ceux de Corneille, Racine, Boileau, Rousseau avant qu'ils prissent la signification de grandeur, perfection, esprit, éloquence. Je ne suis plus le comte ***, mais bien M. Leblond. Je vais maintenant faire ce nom. J'ai sur le métier un poëme épique *qui manque à toute la France*, comme on l'a tant répété. »

Variante :

« Je suis sur le point de trouver la direction des ballons. »

Autre variante :

« Je tiens presque le mouvement perpétuel. »

Autre variante :

« Avant peu, j'aurai substitué un agent beaucoup plus puissant et beaucoup plus rapide à l'électricité, qui sera alors rejetée au rang des fiacres et des coucous. »

Voilà tout ce que j'ai trouvé pour le moment;

je désire que cela tire quelques pauvres diables d'un embarras cruel.

Si je trouve encore d'autres moyens plausibles pour sortir de cette fausse position, j'aurai soin de leur donner une publicité convenable; les personnes qui, mues par un louable sentiment d'humanité, voudraient, de leur côté, venir en aide à ces pauvres gens, sont priées de m'adresser ce qu'elles auraient trouvé et imaginé.

Une des anxiétés où se trouvent les comtes, vicomtes, etc., de contrebande est de se voir cités en justice. C'est là que Thémis les attend, armée de la nouvelle et redoutable loi. Que l'on paraisse devant les tribunaux comme accusé, comme accusateur, comme témoin, il faut commencer par donner son nom, et alors le président ou le substitut vous dit : « Êtes-vous en mesure de justifier la possession de ce titre? » Voyez aussi, ces pauvres pseudo-nobles non-seulement ne commettent aucun délit, mais encore ont grand soin de n'avoir de contestation avec personne; — on peut impunément leur voler leur montre et leur mouchoir, ravager leurs champs, il n'y a pas de danger qu'ils défèrent les coupables à la justice. — S'il survient une rixe, un accident, ils prennent la fuite, ils ne veulent rien voir; on n'aurait qu'à les citer comme témoins!

Comme c'est une situation dont on peut abuser, soyez sûr qu'on en abusera, qu'on en abuse déjà contre eux, et qu'on leur fait faire tout ce qu'on veut en les menaçant d'en appeler au tribunal.

Je ne saurais donc trop conseiller à ceux qui se trouvent aujourd'hui dans ces angoisses d'en sortir au plus vite par un des moyens que j'ai indiqués ou par tout autre qui leur viendrait à la tête.

J'espère leur en fournir d'autres plus tard, pour le cas où ils n'auraient rien trouvé à leur convenance dans ce que j'ai pu réunir aujourd'hui.

Passons, s'il vous plaît, à une autre face de la question.

Aperçu timide sur la noblesse.

L'anoblissement, et conséquemment la noblesse, est une chose bonne en soi; il est également bon que la noblesse soit héréditaire; mais, ici, je proposerai une restriction.

C'est un grand encouragement et une belle récompense pour celui qui a mérité d'être anobli, que de penser que sa gloire rejaillira sur ses enfants en leur imposant des obligations sévères. De plus, il semble souvent que la famille qui a produit un grand homme est fatiguée et épuisée pendant quelques générations, comme la terre après une production généreuse, et alors il paraîtrait équitable de dire que, puisqu'une certaine somme de séve a été empruntée à la famille, une certaine somme de la gloire produite par cette séve doit rejaillir sur elle, — il faut donc permettre, en ce cas, à la famille une jachère honorable. — Mais, d'autre part, il n'est ni juste, ni raisonnable, que le fils de celui qui a mérité l'anoblissement se trouve au niveau de celui qui le conquiert lui-même. Que dis-je! il est accepté que la noblesse, comme le vin, gagne en vieillissant; que celui qui ne fait que la porter est plus noble que celui qui l'a gagnée!

Vous avez, par votre bravoure, par votre génie, par

votre dévouement, rendu de grands services à votre pays ; on vous anoblit.

Moi, je prouve qu'un de mes ancêtres a été anobli lors de la seconde croisade par Louis VII et que, depuis ce temps, mes aïeux ont joui sans contestation du titre de comte ; c'est-à-dire que je suis une borne constatant qu'il y a sept cents ans qu'il n'y a eu de grand homme dans ma famille.

Et je suis plus noble que vous !

Voici — et je l'ai déjà proposé — ce qu'il serait logique de faire :

La noblesse devrait être héréditaire, mais seulement pour un certain nombre de générations, et diminuer d'un degré à chaque génération, c'est-à-dire que le fils d'un homme créé comte pour services rendus à son pays devrait — même son père étant mort — être appelé fils de comte, — et le fils de celui-ci petit-fils de comte, si toutefois l'hérédité devait aller jusque-là ; — puis, à la génération suivante, on rentrerait dans la foule, avec le droit de reconquérir soi-même la noblesse.

Cela peut paraître étrange à cause de la nouveauté ;

mais prenez un exemple pareil dans le même ordre d'idées, seulement sous une autre forme.

C'est quelque chose que d'être le fils de Racine; mais c'est beaucoup moins que d'être Racine lui-même. Il y a un reflet de gloire sur le fils de Racine; mais le petit-fils doit faire ses tragédies lui-même.

Je n'irai pas plus loin aujourd'hui sur ce sujet, chers lecteurs et charmantes lectrices, parce qu'il me vient en ce moment des choses un peu osées...

Parlons d'autre chose.

III

A PROPOS DE LA PROPRIÉTÉ LITTÉRAIRE.

Il y a des moments où j'ai bien peur qu'il ne soit des progrès de l'humanité comme de la corne des pieds des chevaux, qui croît, il est vrai, mais seulement en proportion de ce qui s'en use par la marche.

Les progrès de l'industrie amènent avec eux de nouveaux besoins, et je ne m'aperçois pas que la condition humaine soit moins misérable pour la majorité des gens qu'elle ne l'était autrefois.

Quelquefois, je réussis à me faire à ces pensées découragées des réponses triomphantes en faveur du progrès; d'autres fois, je reste avec mon découragement.

Il s'est élevé, depuis quelques années, une question étrange.

L'inventeur, l'écrivain, le musicien, le peintre sont-ils propriétaires de leurs idées au même degré que Antoine et Pierre sont propriétaires de la maison qu'ils ont fait bâtir, du terrain qu'ils ont acheté?

Si, comme je le crois dans mes bons jours, le progrès est réel; si les idées avancent dans l'ignorance de l'humanité comme le tire-bouchon entre dans le liége — en spirale, et en trouvant de la force dans la résistance qui lui sert d'appui; — si la bouteille du bon sens doit être un jour débouchée, il est évident que cette question absurde sera classée alors, empaillée et mise dans le musée conservateur des sottises humaines à côté de celles-ci, qui furent posées en leur temps par-devant les conciles.

« Les Indiens sont-ils de véritables hommes et doivent-ils être traités comme tels ? »

« Les femmes ont-elles une âme ? »

Et vous vous étonnez, vous vous scandalisez lorsqu'il vient un écrivain qui, comme M. Proudhon, s'amuse à attaquer la propriété de vos maisons et de vos champs !

En 1848, je me suis déclaré contre M. Proudhon pour le maintien de la propriété ; j'ai accepté la fiction, que je crois nécessaire à la société, que la propriété doit être respectée comme le travail, comme le salaire — parce qu'elle représente le travail et le salaire accumulés. Cependant, il faut reconnaître que cette thèse est discutable, et signaler pacifiquement les côtés attaquables — pour démontrer ensuite que la propriété intellectuelle n'a pas ces côtés faibles, — et que conséquemment, sous peine de renoncer au bon sens le plus vulgaire, vous ne pouvez contester la propriété intellectuelle sans nier la propriété matérielle.

Vous achetez — ou vous faites bâtir une maison ; — cette maison est sur un terrain ; vous payez la maison et le terrain du prix de votre travail ou du travail antérieur de votre père ou de vos ancêtres.

Vous voyez que je fais la part large, et que je ne distingue pas le cas où l'argent vous serait venu comme à Judas ses trente deniers, — c'est-à-dire en trahissant une cause ou un ami, — ou en vendant à faux poids des marchandises sophistiquées, — ou en jouant à la bourse l'argent d'autrui, — ou par un mariage honteux, disproportionné, — toutes choses que je veux pour le moment considérer comme travail.

Mais, ce terrain, de qui l'avez-vous acheté? De quelqu'un qui l'avait acheté lui-même, — et celui-là encore d'un autre.

Nous arriverons, en remontant toujours, jusqu'au premier qui a dit : « Ce terrain est à moi. »

Je veux croire que celui-là l'a conquis en le cultivant.

Mais n'y a-t-il pas des exemples d'une autre origine de la propriété? un certain nombre de portions de la terre n'ont-elles pas été conquises par les armes, c'est-à-dire en cassant la tête de ceux qui les avaient cultivées, et en les enterrant dedans pour fumer la récolte du conquérant?

Laissons de côté cette circonstance — qui est cependant la plus fréquente dans les origines de la propriété — et supposons que toute propriété a pour origine le travail, c'est-à-dire le premier labour, le premier ensemencement.

Mais l'homme qui naît aujourd'hui, et qui trouve la terre partagée, ne pourrait-il pas dire : « J'arrive avec les mêmes droits que vous, je veux cultiver la terre et conquérir ma portion par le travail ; faites-moi de la place. »

La maison que vous bâtissez sur ce terrain est faite avec des pierres, du bois, de la chaux que vous achetez ; mais la carrière d'où l'on extrait le moellon, la forêt où l'on a coupé les poutres, sont comme le terrain : si vous cherchez l'origine de la propriété, vous arriverez aux résultats que nous avons trouvés tout à l'heure pour le sol.

Et cependant je pense que la propriété matérielle doit être maintenue et respectée ; qu'il faut que les

derniers venus se résignent à n'y prendre leur par'
qu'au moyen d'un travail plus long, plus rude, et
surtout plus incertain que celui qui a rendu les premiers venus propriétaires.

Examinons la propriété intellectuelle.

Si Virgile n'était pas né, vous n'auriez pas *l'Énéide*;
si Hugo était mort à vingt ans, *les Feuilles d'automne*
n'auraient jamais été imprimées; si Lamartine avait
voulu vivre riche et insouciant, où seraient les *Méditations* et *les Girondins?* si Sauvage n'avait pas eu
la force et l'opiniâtreté d'arriver à la réalisation de
son idée à travers la misère et la prison, vous n'auriez
pas l'hélice.

A quel sol, à quelle propriété commune — Virgile,
Hugo, Lamartine, Sauvage ont-ils pris les matériaux
de leurs œuvres? Dans leurs veines, dans leurs nerfs,
dans leur cœur, — dans le génie que Dieu leur a in-
fligé.

La propriété intellectuelle n'a donc pas les côtés
faibles par lesquels on peut attaquer la propriété matérielle; — loin d'être une propriété contestée, elle
doit être le type de la propriété.

Donc, une loi fondamentale ainsi conçue me paraîtrait sans objections possibles :

« Est considérée comme propriété :

« 1° *D'abord*, la création tirée de son propre fonds, celle qui se rapproche le plus de la façon dont créa l'Être suprême : « Il fit de rien le ciel et la terre. »

« 2° La quasi création par le travail, c'est-à-dire la transmutation d'un sol sauvage en un sol fertile, — la conversion de pierres arrachées à la terre en maisons.

« 3° L'acquisition par l'argent, c'est-à-dire l'échange du produit d'un certain travail, contre le produit d'un certain autre travail. »

Et ce sont les plus furieux partisans de la propriété matérielle qui s'élèvent contre la propriété intellectuelle, et qui ne s'aperçoivent pas que leurs mêmes arguments, qui sont médiocres contre la propriété intellectuelle, sont très-plausibles et peut-être très-bons contre la propriété matérielle.

Ce sont eux qui se félicitent d'avoir M. Proudhon pour allié dans cette guerre et qui ne comprennent pas ceci : c'est que M. Proudhon, qui n'est pas toujours raisonnable, est ordinairement logique, c'est-à-dire qu'une fois qu'il a admis un principe, il l'a admis jusqu'aux dernières conséquences.

C'est précisément parce que M. Proudhon trouve que la propriété intellectuelle est une propriété comme l'autre, qu'il refuse de l'admettre.

S'il admettait la propriété intellectuelle, il serait obligé d'admettre la propriété en général ; ce n'est pas lui qui s'allie à vous, c'est vous qui vous alliez à lui, c'est vous qui êtes des *partageux* — avec cette nuance que vous dites : « Ce qui est à moi est à moi ; ce qui est à toi est à nous. »

Comment! monsieur, votre redingote est une propriété, vos lunettes sont une propriété, votre perruque est une propriété, et les sottises qui naissent sous votre perruque ne sont pas une propriété ?

Voyons donc quelques-uns de ces beaux arguments qui ont triomphé contre la propriété intellectuelle.

Les œuvres de l'esprit sont comme la lumière du soleil : elles sont nécessaires à l'humanité ; donc, elles lui appartiennent. Il serait honteux de les soumettre à de viles conditions commerciales.

Le pain aussi est nécessaire à l'humanité, et cependant les boulangers le font payer à l'humanité ; les maisons aussi sont nécessaires à l'humanité — surtout les jours de pluie et de froid — et l'humanité paye le loyer ou couche à la belle étoile — les nuits mêmes où il n'y a pas d'étoiles.

Et que quelqu'un de nous essaye de se poser comme un être nécessaire à l'humanité, qu'il laisse soupçonner qu'il considère son intelligence comme un petit soleil chargé de répandre la lumière, qu'il s'avise seulement de vouloir se mêler aux plus médiocres affaires du pays, — comme on traitera ses ouvrages de choses inutiles, comme on comparera son talent à celui d'un joueur de billard, comme on le renverra à ses rêveries, à ses rimes cherchées sous les saules !

Combien de fois, avant 1848, des gens de la force de M. Léon Faucher renvoyèrent Lamartine à Elvire, à sa barque et à sa harpe, aux sourires approbatifs du vulgaire ; — je l'ai constaté dans *les Guêpes* en ce temps-là et en précisant bien la date.

Le pauvre écrivain — le pauvre homme de génie — ressemble à Pégase :

S'il veut s'élever on lui jette des cordes et des entraves, et on lui dit : « N'oubliez donc pas, mon bon ami, que vous êtes un cheval... Hu! ho! — A l'écurie, et ne ruons pas. — Alors, dit Pégase, si je suis un cheval, donne-moi de l'avoine. — De l'avoine! s'écrie la société, quelle profanation! Vous êtes un oiseau, voyez vos ailes — chantez dans les bocages et mangez du mouron, — nous n'oserions pas vous offrir de l'avoine, ce serait vous manquer de respect. »

Il n'y a qu'un argument contre la propriété intellectuelle : — c'est que les hommes de génie et les hommes de talent ne forment qu'une très-petite minorité et qu'ils sont à la discrétion des autres.

Et quelle discrétion !

Jamais esclaves, jamais parias n'ont eu, dans les sociétés anciennes ou sauvages, un sort plus digne de pitié.

Prenons pour type l'inventeur.

Sauvage rêve l'application de l'hélice à vapeur; il abandonne graduellement les travaux qui le faisaient vivre, lui et sa famille; il dévore son patrimoine; il passe douze ans dans la pauvreté, dans la misère, dans un travail sans relâche.

Un jour, il s'écrie : « *Eurêka!* je l'ai trouvé ! » On lui rit au nez. « C'est impossible, c'est absurde!... Voyez le pauvre fou : il croit avoir trouvé ce que nous n'avons pas trouvé — nous ! »

Cependant, comme il persévère, la société lui dit : « Ton invention est donc sérieuse ? — Oui, et voici les preuves. — Tu comptes la pousser plus loin, l'exploiter ? — Certes. »

Ici, la société baragouine des choses qui peuvent s'interpréter de deux manières.

Première version : « Le cas est prévu par la loi, tu es condamné à une amende de quinze cents francs. »

Deuxième version : « En vertu de l'axiome appliqué aux inventeurs, poëtes, artistes, etc. : « Ce qui est à « moi est à moi, et ce qui est à toi est à nous. » Puisque ton invention est bonne, elle est à moi ; mais je t'accorde le privilége d'en être le fermier, tu vas l'exploiter ; mais tu vas d'abord m'en payer le loyer : c'est quinze cents francs. »

Quelle que soit la leçon que l'on adopte, l'inventeur doit toujours donner quinze cents francs ; puis il se remet à l'ouvrage. — En effet, la corvée n'est pas finie, il y a encore à défricher, à sarcler; — il faut défendre l'invention contre la contrefaçon ; il faut faire des essais d'application nécessairement trop coûteux d'abord et imparfaits.

Enfin, un jour, la chose est applicable et appliquée ; — de nouvelles et grandes dépenses d'argent et de génie ont été faites ; — voici le moment de la récolte.

La société revient. « Eh! mon brave homme, qu'est-ce que tu fais là dedans ? On dirait que tu veux faucher; mais tes quinze années sont écoulées, tu n'as plus rien à faire ici ; oblige-moi de déguerpir et applique seulement ton attention à ne pas marcher sur ma moisson. Allons, va-t'en, tu encombres, tu gênes ; il faut débarrasser et nettoyer l'invention de l'inventeur. »

Il y a quelques années, on a admis en faveur de l'inventeur le bénéfice des circonstances atténuantes; cela n'est arrivé que dix ans après qu'on a eu admis les mêmes circonstances atténuantes en faveur des parricides et des assassins de tout genre, — mais enfin cela est arrivé.

On a décidé que le bail que vous aviez à payer à la société pour exploiter votre invention serait toujours de quinze cents francs, mais qu'on ne payerait plus les quinze ans d'avance, que l'on payerait toujours, et d'avance, mais seulement chaque année.

L'intention était probablement bonne, mais le résultat a été singulier : il se trouve que l'on n'a dégrevé et protégé que les mauvaises ou les fausses inventions.

Exemple :

Vous avez inventé quelque chose de réel, d'utile; vous vendez votre montre et les pendants d'oreille de votre femme; vous mangez du pain, vous buvez de l'eau et vous payez régulièrement l'amende ou le loyer pendant les quinze ans.

Si, au contraire, vous avez inventé le mouvement perpétuel et qu'il s'arrête au bout de quinze jours;

Si vous avez inventé le café à la crème, et qu'on vous fasse apercevoir que ç'a déjà été inventé;

Vous avez donné vos premiers cent francs, vous vous en tenez là, et vous ne donnez plus rien.

Résumé : L'invention fausse ou mauvaise en est quitte pour une amende de cent francs ; l'invention sérieuse et utile paye quinze cents francs.

J'ai pris pour type l'inventeur, parce que c'est le plu désarmé de tous.

Voyons cependant le poëte — l'écrivain.

Il y avait une fois une maison dans un faubourg à une extrémité de Paris. De chaque côté de la porte était une boutique — à droite un épicier, à gauche un libraire ; — au-dessus, au premier étage, un bourgeois quelconque employé dans un ministère ; — au second, un écrivain ; — au troisième était le domicile privé du libraire ; — au quatrième, le perchoir de l'épicier, qui était propriétaire de l'immeuble ; tous avaient des petits à nourrir, — tous travaillaient de leur mieux.

Repassons trente ans après. Le bourgeois, l'épicier, le poëte et le libraire sont morts, et leurs enfants occupent encore la maison ; mais la maison n'est plus à une extrémité de la ville ; — la ville s'est étendue de ce côté, la rue s'est élargie, c'est un beau quartier.

La fille de l'écrivain habite la mansarde qu'habitait le père de l'épicier, dont le fils est descendu au second étage. — Le fils du libraire, qui a une maison de campagne, a conservé son troisième étage. — La fille du bourgeois a épousé un employé comme son père.

L'épicier monte courroucé chez la fille de l'écrivain, qui brode pour une lingère.

— Mademoiselle, vous vous êtes permis, ce matin, en venant acheter à crédit pour cinq sous de café, de prendre des feuillets de papier que je destine à faire des cornets; je vous prie de me les rendre tout de suite.

— Monsieur, en jetant les yeux sur le cornet dans lequel votre garçon avait mis mon café, j'ai reconnu des vers de mon père; alors j'ai regardé un paquet de papiers, où il avait pris ce cornet, et, voyant que c'était un fragment du même ouvrage, j'ai pris, je l'avoue, quelques feuillets.

— Mais, mademoiselle, ce papier est à moi, c'est ma propriété : mon père l'avait acheté il y a trente ans, je l'ai trouvé à la maison; il m'importe peu que votre père ait griffonné dessus ; ce que je sais, c'est que j'aimerais mieux qu'il fût blanc.

— Monsieur, je vous payerai le papier.

— Je l'entends bien ainsi — et vous me ferez plaisir de me payer en même temps votre loyer, qui est échu il y a huit jours.

— Monsieur, vous serez payé demain.

— Le loyer et les cornets ?

— Oui, monsieur.

La pauvre fille, le cœur gros, ouvre respectueusement une armoire où sont serrés quelques volumes ; c'est un exemplaire des œuvres complètes de son père. Elle le prend, et descend chez le libraire.

— Monsieur, vous savez comme la postérité a vengé mon père des chagrins de sa vie ; ses œuvres, qui ont fait la fortune du vôtre, sont aujourd'hui recherchées et très-rares ; voici un exemplaire complet que je voudrais vendre ; combien m'en donnerez-vous ?

— Pas un sou, mademoiselle. Le nom de votre père est, en effet, devenu illustre ; ses ouvrages, je le reconnais, sont rares et recherchés ; — c'est pourquoi j'en fais en ce moment une édition à bon marché que je mets en vente demain; c'est pourquoi aussi votre exemplaire ne vaut plus rien.

— Quoi! monsieur, vous avez fait une édition des œuvres de mon père; mais... vous ne m'avez même pas prévenue...

— A quoi bon, mademoiselle? Cela ne vous regarde pas : il y a cinq ans que les œuvres de votre père sont dans le domaine public — et que son génie, comme le soleil, luit pour tout le monde, et que, etc. »

Le fils de l'épicier et le fils du libraire, jouant le soir à la bouillotte chez la fille de l'employé et son mari, racontent l'histoire — et le bourgeois, mari de la fille de l'employé, dit d'un air capable :

— De quel droit les descendants d'un homme de génie, qui sont peut-être des gens très-ordinaires, hériteraient-ils des œuvres qui font la gloire de la France ?

Ce n'est certes pas l'épicier qui répondra :

— De quel droit le fils de l'épicier qui a bâti une maison pierre à pierre, sou à sou, et qui n'est peut-être ni laborieux, ni économe, héritera-t-il de la maison de son père?

Cette histoire n'est pas vraie; mais qui oserait dire

qu'elle soit impossible? Dans la situation actuelle, les œuvres de l'homme de génie n'appartiennent pas à ses descendants et ne constituent pas une propriété, tandis que le cornet de papier fait par l'épicier avec un feuillet d'un des livres de l'homme de génie — c'est une propriété qui appartiendra, de génération en génération, aux descendants de l'épicier, jusqu'à la consommation des siècles.

Je dirai plus : malgré la loi, malgré les argumentations, il n'est pas vrai que les œuvres de l'écrivain pendant sa vie soient une propriété; s'il veut les aliéner, par exemple, il sera loin de le pouvoir faire dans les mêmes conditions que s'il pouvait en assurer la jouissance perpétuelle ; — donc, même pendant sa vie, il n'y a pas un boulon, pas un clou de la boutique de l'épicier qui ne soit une propriété plus sérieuse et plus réelle que *le Cid, le Misanthrope, les Méditations, Notre-Dame de Paris*, etc.

Un congrès vient de se réunir à Bruxelles, pour jaser de la propriété littéraire et artistique, et faire un banquet.

Certes, ce congrès n'était pas empêché pour se

montrer radical — puisqu'il n'avait pas à présumer
l'application immédiate de ses résolutions ; — en fait
d'espérances et de vœux, on peut ne pas se gêner.

Ce congrès a eu le premier tort de ne pas comprendre sa mission assez largement — et d'oublier les inventeurs dans ceux dont il avait à défendre les intérêts. — Ce sont, je le répète, les plus malheureux et les plus désarmés d'entre nous.—Il fallait prendre pour drapeau, non pas *la propriété artistique et littéraire* — mais *la propriété intellectuelle*. — Pour ne demander qu'un palliatif, pour solliciter de la propriété matérielle des circonstances atténuantes en faveur de la propriété intellectuelle, en un mot pour finir par consacrer l'injustice en ne formulant ses vœux que dans le sens de cette injustice, ce n'était guère la peine de se déranger.

Et ce congrès serait simplement classé parmi les banquets, cette question n'aurait été qu'un prétexte à gueuleton, si quelques membres n'avaient émis des opinions plus sensées, et si le congrès n'avait donné lieu à des manifestations d'opinions qui ont leur valeur en poids si elles ne l'ont pas eu en nombre, —

opinions favorables à la solution la seule équitable et la seule raisonnable.

Plusieurs personnes, dans le congrès et dans la presse française, se sont rangées sous le drapeau que j'ai élevé il y a une vingtaine d'années, et sur lequel j'ai inscrit cette formule nette et contre laquelle on n'a articulé que des phrases creuses et des absurdités :

La propriété intellectuelle est une propriété.

Le plus grand nombre ne m'ont pas cité : entre autres un libraire fort spirituel qui avait quelques raisons de se souvenir, ayant été l'éditeur des *Guêpes;* mais peu importe ! — je tiens plus au succès de mes causes qu'au succès de mes plaidoiries.

Le projet de M. Hetzel, qui veut que l'État se charge de percevoir les droits d'auteur, a ceci de bon qu'il commence par reconnaître le principe, et ceci de mauvais qu'il le méconnaît en mettant la propriété intellectuelle dans une situation exceptionnelle.

Je relève donc mon drapeau :

La propriété intellectuelle est une propriété.

Je ne répondrai aujourd'hui qu'à deux objections contre la perennité de la propriété intellectuelle : la première est *l'intérêt qu'a la société à ce qu'un héritier méchant, fanatique ou insensé ne détruise pas l'ouvrage de son ancêtre* (cela est pour la propriété littéraire); — *à ce qu'une invention se propage et s'améliore, sans qu'un inventeur puisse se la réserver ou la renfermer dans les limites de son esprit sans y permettre de perfectionnement.*

Dans le premier cas, comme on ne peut anéantir un livre clandestinement et qu'il reste toujours les exemplaires des bibliothèques; dans le second cas, comme il est facile d'avoir permanent un comité des inventions, les lois sur la propriété matérielle vous offrent un moyen très-simple : *l'expropriation pour utilité publique.*

Une autre objection est celle-ci : *Ce projet présenterait de grandes difficultés dans l'application.*

Je ne le crois pas; mais enfin, les lois sur la propriété matérielle en ont présenté, je pense : des milliers de volumes ont été écrits et s'écrivent encore à ce sujet; et, malgré tous ces volumes, des nuées d'avocats de tout ordre et de tout rang — depuis le grand Berryer de Paris jusqu'au petit Trabaud de Nice — vivent de ces difficultés si souvent résolues et toujours renaissantes.

Ce n'est pas une raison, pour ne pas rendre justice aux gens, que de dire que leur cause est difficile et un peu embrouillée pour le moment.

Après la résolution du congrès de Bruxelles, que je n'accepte pas, je demande — à titre provisoire — ce corollaire, qui me semble indispensable : « Quelle que soit l'époque où les ouvrages d'un écrivain tombent dans le domaine public, ses enfants ou descendants, ses héritiers désormais sans héritage, tomberont en même temps dans ledit domaine public et seront nourris aux frais de l'État. » Il est juste que les héritiers suivent l'héritage.

IV

DE QUELQUES VAUDEVILLISTES.

En assimilant la propriété intellectuelle à la propriété matérielle, il est un cas de *mur mitoyen* qui se présente fréquemment.

MM. les vaudevillistes prétendent qu'ils ont le droit de prendre un livre, de le dépecer, de l'arranger en pièce à leur fantaisie, et que l'auteur du livre n'a rien à voir dans cette opération.

Après avoir patiemment, pendant de longues années, subi ce droit de jambage que s'arrogent MM. les vaudevillistes, il m'arriva, un jour, que quelqu'un qui avait vu la pièce de quelques-uns de ces messieurs avant de lire le livre d'où elle était tirée, me fit remarquer avec un air d'indulgence que je m'étais *rencontré* avec eux. Je résolus alors de défendre le principe de la propriété intellectuelle, pour lequel j'ai combattu depuis longtemps, et je pouvais le faire d'autant plus facilement que j'avais toujours été personnellement désintéressé dans la question : je ne fais pas partie d'une société dite des gens de lettres qui a pour but très-légitime de percevoir pour les auteurs un droit sur la reproduction de leurs œuvres.

Je laissai de côté le fretin des emprunteurs, et je m'adressai à trois illustres qui venaient d'obtenir un succès très-grand et très-fructueux avec une pièce prise dans un de mes livres : je parle de MM. Saintine, Duvert et Lauzanne, et de la pièce de *Riche d'amour*.

J'écrivis très-fraternellement à ces messieurs ; je leur exposai que je voulais faire fixer le principe à un double point de vue :

1° Qu'il faut l'agrément de l'auteur d'un livre pour transporter son livre au théâtre ;

2° Que cette translation faite avec l'agrément de l'auteur doit lui donner une part dans les droits.

En effet, ajoutais-je, si je m'avisais de vouloir mettre au théâtre une dizaine de livres de moi, les directeurs me diraient : « Il y a longtemps que c'est joué ! »

Je leur demandais de soumettre la question à un tribunal composé de deux de leurs amis et d'un des miens.

Ces messieurs jouèrent alors un rôle que sans doute leur avait fait M. Arnal, en retour de tous ceux qu'ils ont fait pour lui : ils prétendirent n'avoir pas lu le livre en question.

Je fis alors imprimer sur deux colonnes non-seulement la fable identique des deux ouvrages, mais encore un assez grand nombre de phrases copiées textuellement.

Et les illustres furent sifflés par le public, mais gardèrent l'argent.

Or, il y a très-peu de temps, un autre auteur d'un grand nombre de vaudevilles m'écrivit pour me faire une double proposition :

« Nous sommes deux qui voudrions faire une pièce prise dans un de vos livres ; voulez-vous être le troisième et faire la pièce avec nous? préférez-vous nous permettre de la faire, et vous aurez votre part dans les droits d'auteur? »

Je répondis que je les félicitais de reconnaître un

principe honnête et incontestable; je ne pouvais pas avoir l'honneur de collaborer avec eux, mais j'acceptais ma part de produit dans la future pièce, puisque j'avais fait d'avance ma part de travail.

Naturellement, cette part devrait être la moitié l'un fait le livre; l'autre, au moyen de certaines modifications, le transporte au théâtre.

Il importe peu que l'on soit un, deux, trois ou quatre pour la seconde moitié de la besogne : si celui qui s'attelle à l'ouvrage avec l'auteur du livre ressemble aux chameaux de l'opéra de *la Vestale*, qui étaient composés de deux hommes, — l'un faisait les jambes de devant, l'autre les jambes de derrière, — les deux moitiés de la besogne doivent avoir une égale part dans les produits.

Cependant je voulus encourager la vertu encore chancelante des vaudevillistes et je ne demandai qu'un tiers des droits d'auteur; je n'en ai plus entendu parler.

V

ANECDOTE SUR BALZAC.

Ce qui empêche les intérêts des écrivains, des artistes, des inventeurs d'être suffisamment défendus, c'est le peu d'accord de ceux auxquels cette défense appartient; je veux parler des écrivains, et surtout des journalistes, qui sont la partie militante et armée. Et ce peu d'accord vient en partie de ce que beaucoup d'entre eux sont par trop désintéressés dans la question, et de ce que, leur bagage ne constituant pas une propriété, ce n'est que de la propriété des autres qu'ils font bon marché.

L'accord des journalistes sur certaines questions aurait une puissance formidablement invincible.

Balzac le comprenait bien, et voici ce qu'il imagina un jour :

Il convoqua sept ou huit de ses amis à un souper

en pique-nique dans un cabaret du quartier du Temple; il y avait à ce souper Merle, qui est mort depuis, en même temps à peu près que Balzac, quelques autres que je ne veux pas nommer sans leur consentement, et celui qui écrit ces lignes.

Voici le plan que Balzac développa :

Chacun des convives avait dans les mains un journal influent et ne devait manquer aucune occasion de s'emparer des autres journaux; on s'affilierait, d'ailleurs, les autres journalistes qui en vaudraient la peine.

Chaque semaine, on devait se réunir au *Cheval rouge;* — c'était le nom du cabaret. — Là, après une discussion préalable, on devait adopter un avis commun sur toutes les questions littéraires de la semaine et faire prévaloir unanimement cet avis dans les journaux dont la société disposait, quelles que fussent, d'ailleurs, les divergences politiques de ces journaux.

Dans un temps très-court, une semblable association aurait été extrêmement puissante et redoutable, et aurait exercé une influence irrésistible sur les remplissages de l'Académie et sur les nominations aux diverses places et fonctions littéraires.

Mais on se réunit trois ou quatre fois, et ce fut fini.

Balzac, dont j'ai écrit, le premier et le seul, tandis qu'il vivait : « L'Académie de notre temps veut aussi avoir son Molière à ne pas nommer; » Balzac avait une personnalité très-envahissante, et, dès le deuxième souper, il fut évident pour tout le monde que la société n'avait d'autre but que de louer Balzac et de nier l'existence de tous les autres.

VI

LUCIOLES.

Quand passeront les crinolines, le langage anglo-français des *turfistes*, etc.? Comme tous les ridicules — quand ils seront remplacés par un autre.

—

Nous ne nous rappelons le respect que l'on doit

aux parents que pour l'exiger de nos enfants — et la modestie que pour l'imposer aux autres.

—

Un philosophe... chinois : « Faites ce que vous voulez avoir fait, avant ce que vous avez envie de faire. »

—

Les injures sont bien humiliantes pour celui qui les dit — quand elles n'humilient pas celui qui les reçoit.

—

On vole dix écus — on gagne un million.
La honte est grande alors que la somme est petite.
Être infâme gratis, c'est honte — et cher mérite.

—

Trois jocrissades que je ne suis pas honteux d'avoir trouvées : — N'ayez pas de voisins, si vous voulez vivre en paix avec eux. — J'aime mieux ne pas avoir de meubles et qu'ils soient à moi. — En politique, plus ça change, plus c'est la même chose.

—

La plupart des gens — même ceux qui obligent réellement — font tomber les services de si haut, qu'ils blessent presque toujours leurs obligés. D'où tant de bienfaiteurs et si peu de bienfaits.

———

On dit qu'il n'y a plus de croyance; — elle a été remplacée par bien des crédulités.

———

Rien n'est plus maladroit que d'exiger des femmes des réponses nettes et catégoriques; cela leur rappelle qu'elles ne peuvent répondre que « Non. »

———

On va vite en amour, surtout quand on va seule,
Mais quand l'amant est là, l'on redevient bégueule.

———

Une femme peut à la rigueur ne pas aimer; mais il lui faut au moins un amour à repousser.

———

Lorsque la Providence veut produire un homme à grand effet, elle commence par l'entourer d'hommes petits, nuls, abjects; — comme les escamoteurs, elle a besoin d'un cercle de badauds.

———

Les vices de chacun sont le gibier, le champ, le patrimoine des autres.

Un Usurier. Mon père, vous devriez bien prêcher contre l'usure.

Le Prédicateur. Mais... on m'avait dit...

L'Usurier. On vous avait dit la vérité, mon père.

Le Prédicateur. Mais alors... vous voulez donc renoncer...?

L'Usurier. Moi?... Non; — je voudrais y faire renoncer les autres, qui me font une concurrence ruineuse.

—

Nos vices ont leurs fonctions : — la gourmandise remonte l'horloge; — la lâcheté nous conserve; — la vanité et l'avarice nous font faire avec plaisir diverses corvées utiles à la conservation, à l'entretien et au nettoyage du globe que nous habitons.

—

La réputation d'un homme de talent n'entre dans sa famille qu'en venant du dehors et en enfonçant un peu la porte.

—

Un éloge, surtout donné à un prince, n'a de valeur qu'autant que le caractère de celui qui loue et de celui qui est loué est une garantie, que le premier aurait pu dire le contraire, et que le second l'aurait permis.

———

Ce n'est pas l'austérité qui sauve de la débauche, c'est l'amour.

———

Dans la première jeunesse, on aime une femme parce qu'elle est une femme ; — ce n'est que plus tard qu'on aime une femme parce qu'elle est *elle*.

———

Comment aime-t-on quelquefois des imbéciles des deux sexes? C'est que le langage de l'amour a une si douce musique, qu'on n'est pas exigeant pour les paroles.

———

Relativement aux femmes et à l'amour, l'homme est bien faible... surtout lorsqu'il est fort.

———

La femme que l'on obtient ressemble quelquefois si peu à celle qu'on a désirée, que ce serait une infidélité faite à la première que de continuer à aimer la seconde.

Corollaire — *à la loi sur la propriété littéraire :*
« 1° La propriété littéraire n'est pas une propriété;
« 2° Il est interdit de faire des héritiers, à des gens qui ne peuvent pas faire d'héritage. »

—

Oh ! les livres — les bons livres — les chers livres — qui vous emportent hors de vous-même et de la vie ! — comme il est plus doux de lire que de vivre !

—

On ne manque jamais d'expressions pour peindre la douleur, l'absence, la mort, la séparation ; — mais la poésie ne sait parler du bonheur que lorsqu'il est absent, perdu ou passé. Presque tous les poëtes qui s'en sont avisés ont fait des enfers très-passables ; — tous les ciels ont été manqués.

—

Il est utile que les médiocres soient à la tête de certaines choses ; car ils sont bien forcés d'employer les hommes supérieurs, — et, à leur place, les hommes supérieurs n'emploieraient pas les médiocres.

—

— Qu'avez-vous donc ? vous paraissez triste !

— Ah ! je voudrais être mort.

— Vous n'êtes pas dégoûté !

———

Semblable à un arbre dont les feuilles tombent — l'homme qui vieillit voit successivement tout mourir autour de lui.

———

Une femme aime moins son amant pour l'esprit qu'il a que pour l'esprit qu'on lui trouve.

———

Le bon sens réunit tout d'abord la majorité... mais contre lui. Ce n'est qu'après avoir épuisé toutes les formes de l'erreur, qu'on arrive à la vérité.

VII

COMME QUOI L'AUTEUR DE CE LIVRE A FAILLI DEVENIR FONCTIONNAIRE PUBLIC.

On publie tant de biographies, et le plus souvent un peu légèrement (je parle de celles qui sont faites par d'honnêtes gens), que je n'y vois qu'un terme.

Comme on est quelquefois obligé de ne pas laisser passer des énonciations fausses, il arrivera ceci : c'est que tout homme parvenu à une certaine notoriété aura tous les jours à élever une ou plusieurs réclamations.

Quand notre génération se sera acquittée de la vie, les biographes trouveront un peu de variété dans le récit de nos quarante premières années ; mais, de cette époque, ils devront finir invariablement en disant de tous sans exception : « De ce moment, il consacra le reste de sa vie à répondre à ses biographes. »

Dans un petit livre publié par M. Champfleury, je trouve quelques détails singuliers : — je suis présenté avec beaucoup de bienveillance, du reste, comme un homme qui a usé sa vie à poursuivre en vain la place de bibliothécaire de la ville du Havre.

Je viens d'y lire :

« M. Karr n'a jamais pu obtenir la place de bibliothécaire de la ville du Havre. »

Mon ambition était moins haute, et je n'ai fait qu'une tentative dont voici l'histoire :

Un M. Joubin, savant distingué, bibliothécaire

octogénaire, était alors le bibliothécaire du Havre ; les honoraires de cette place étaient tout ce qu'il avait conservé d'une fortune perdue dans les révolutions commerciales ; il était habituellement et tristement occupé de la peur de perdre cette dernière ressource. — Il vint me trouver un jour et me dit :

— On veut me donner un adjoint, c'est ma mort.
— A mon premier rhume, on me renverra et l'adjoint prendra la place. »

J'eus la pensée de demander à être cet adjoint ; Joubin alors eût été tranquille et sa petite position lui eût été assurée jusqu'à sa mort, qui arriva trois ans après.

J'allai trouver M. Lemaître, alors maire de la ville, — avec une lettre de M. le comte Salvandy, ministre de l'instruction publique, qui me faisait et m'a fait l'honneur d'être de mes amis jusqu'à sa mort. — M. Salvandy demandait pour moi la place de bibliothécaire adjoint sans appointements.

M. le maire reçut la lettre avec respect ; mais, le lendemain, me rencontrant dans la rue, il m'adressa un salut tellement protecteur, lui qui, jusque-là, avait bien voulu me traiter sur un pied d'égalité, que je lus dans ce salut tout un poëme d'avanies. — Je ne me sentis pas le courage de me laisser protéger de si haut que ça, et j'avoue à ma honte que j'abandonnai lâchement la cause de Joubin, qui fut remplacé, un an avant sa mort, par l'adjoint qu'on lui donna.

C'est la seule tentative que j'aie faite de ma vie pour être quelque chose, et je l'ai quelquefois refusé.

VIII

LA GUERRE DES MÉDECINS.

Un hasard mêlé d'un peu de curiosité me fit, un jour, assister à un banquet donné par un *clan* de médecins homœopathes, à propos de l'anniversaire de la naissance ou de la mort d'Hahneman, qui est l'Hippocrate de cette médecine-là.

On fit des discours et on but à la santé des divers

flambeaux de l'homœopathie : — à la santé de M. Petroz, à la santé de M. Simon père, à la santé d'Hahneman, etc., etc.

Pour moi, je ne buvais qu'à ma propre santé, c'est-à-dire que je buvais fort peu.

Mais on insista pour qu'à mon tour je busse à quelqu'un ou à quelque chose, — et, obéissant à un sentiment de compassion réelle qui s'emparait de moi, je dis : « Messieurs, vous avez bu à la santé de beaucoup de médecins; mais il est une santé que vous avez oubliée; — permettez-moi de réparer cette omission : *Je bois à la santé... des malades !* »

Cette pensée de commisération m'est revenue en lisant les débats qui ont eu lieu dernièrement à Paris, devant la première chambre du tribunal civil de la Seine.

Les deux médecines sont en présence — allopathes et homœopathes — et on se dit réciproquement des gros mots.

Rien de si inquiétant que ces débats; les deux écoles en présence se disent — et parfois ont l'air de se prouver de si terribles choses, — que les pauvres malades me font l'effet de ressembler à ce voyageur dont j'ai raconté autrefois l'histoire — qui regardait avec intérêt deux Peaux-rouges jouer à un certain jeu d'osselets, et qui n'apprit que trop tard qu'il était lui-même l'enjeu de la partie, et que le gagnant le mangerait.

Voici l'opinion des médecins homœopathes sur les médecins allopathes :

« Les allopathes sont des assassins ; s'il se présente une substance nouvelle qui tue rapidement et porte chaque semaine le deuil dans une nouvelle famille, ils l'adoptent avec enthousiasme.

» Le fond de la médecine allopathique est complétement faux et absurde.

» Les médecins allopathes tuent les malades en les saignant et les empoisonnent en les purgeant.

» Menteurs insignes, fourbes, etc.

» Il faudra finir par donner des coups de poing aux allopathes. »

Voici l'opinion des médecins allopathes sur les médecins homœopathes :

« On ne peut appliquer la méthode d'Hahneman

sans être un ignorant abject, un pauvre illuminé, un misérable charlatan.

» L'homœopathie est le comble de la folie et de l'impudence. — Il y a à Berlin trois médecins homœopathes : un fripon et deux ignorants (M. Marc, premier médecin du roi Louis-Philippe). »

Jolie situation du pauvre malade! à qui s'adressera-t-il? Chacune des deux médecines raconte volontiers ses miracles; mais la médecine contraire se charge de raconter ses martyrs.

C'est absolument comme dans les querelles de religion; — mais dans celles-ci, *au moins,* où il s'agit de l'âme et de l'éternité, on a un recours en appel, en cassation et en grâce par-devant Dieu, — tandis qu'entre les deux médecines, où il s'agit du temps et de la vie, on est condamné, si l'on se trompe, sans appel, sans grâce, et exécuté à perpétuité.

Ah! quand on lit tout cela, on est tenté d'adopter une troisième médecine, celle que m'a apprise autrefois mon chien de Terre-Neuve, et dont je me suis toujours bien trouvé : se coucher en rond, ne plus manger, et attendre que ça se passe.

Je parle avec un air de plaisanterie de la situation du pauvre malade; elle est, en effet, tristement grotesque.

Voici deux médecins; chacun des deux prouve que l'autre est très-ignorant et un peu assassin : je veux croire que l'un des deux au moins a tort, mais alors l'autre a raison ; — et lequel est-ce?

Et si par hasard ils avaient raison tous les deux!

Aussi bien voici l'opinion de quelques grands médecins — leur confession, en mourant, sur la médecine en général :

SYDENHAM. *La médecine est bien plutôt l'art de babiller que l'art de guérir.*

BOERHAVE. *Il serait plus avantageux qu'il n'y eût jamais eu de médecins dans le monde.*

Mais, s'il s'agit d'une personne chère, d'une femme aimée, d'un enfant adoré, vous n'osez plus suivre la médecine de Freyschütz — la bonne, j'en suis convaincu, — et vous essayez de toutes, successivement, ou bien à la fois.

Je vais, pour ma part, étudier cette question, me

faire envoyer les pièces de la polémique entre les deux médecines; je lirai *tout*, j'analyserai *tout;* — je me ferai une opinion nette, franche, consciencieuse, — et je vous la résumerai en quelques pages. — Jusque-là, abstenez-vous d'être malades.

On m'avait, dans le temps, conté une bonne histoire sur une épreuve sérieuse faite à Marseille entre les deux médecines.

Il en est question dans le procès actuel.

Il s'agissait de deux salles de cholériques confiées dans un hôpital à Marseille, l'une à un médecin allopathe, l'autre à un médecin homœopathe. — Mais il y a deux récits très-différents.

Voici celui de M. Chargé, médecin homœopathe :

« J'ai eu quatre-vingts cholériques — et j'en ai sauvé quatre-vingts. — Cette victoire a ses analogues dans notre école, et *mieux encore.* »

Mieux encore est joli; — il y a donc des cas où sur cent malades livrés à l'homœopathie, le médecin en a sauvé cent vingt, ou du moins, ayant reçu cent malades, a rendu cent vingt personnes bien portantes? Cela ne peut guère s'expliquer que s'il y avait parmi les malades un certain nombre de femmes dont la maladie était d'être enceintes.

Voilà la version de M. Chargé.

Voici maintenant celle de M. Honnorat, maire de Marseille :

« Deux salles de cholériques ont été livrées, l'une à M. Chargé, médecin homœopathe; l'autre à un médecin allopathe.

» Dans la première, il est entré vingt-six cholériques, il en est mort vingt et un. Dans la seconde, il est entré vingt-cinq malades sur lesquels quatorze ont succombé. »

Dans le doute où doivent laisser des assertions aussi contraires, j'aime mieux la troisième version, celle que l'on m'avait donnée. La voici :

« On a donné cinquante cholériques à un médecin homœopathe, et cinquante à un allopathe ; devinez le résultat? — Ils sont morts tous les cent. »

IX

LA VÉRITÉ SUR LE MONT-DE-PIÉTÉ.

Je l'ai dit plus d'une fois — et je ne sais qui l'a dit avant moi — le diable ferait de tristes affaires s'il mettait des étiquettes sincères sur les fioles de sa boutique, mais pas si bête!

Chez lui, la *haine du prochain* s'appelle *amour de Dieu*.

Le désir de voir de près les jambes des danseuses, — *protection* éclairée des beaux arts.

La fureur de montrer des jupes neuves, — *propreté*.

La médisance, — *sévérité* d'une âme pure.

L'hypocrisie, — *respect des convenances*, etc.

Mais, si le diable est dans son rôle en mettant des étiquettes menteuses sur les flacons, le rôle des philosophes et des honnêtes gens est de donner leur vrai nom aux drogues et de remplacer les étiquettes du diable par les étiquettes de la vérité.

Il y a, entre autres, une institution à laquelle il serait temps de donner son vrai nom. Voici un nouvel exemple d'un fait qui se produit au moins une fois par mois devant les tribunaux correctionnels et la cour d'assises de Paris :

On l'a dit avec raison — et la justice prouve tous les jours qu'elle est de cet avis — les recéleurs sont pour plus de la moitié dans les vols qui se commettent. Les garanties que les marchands honnêtement établis sont forcés de demander aux gens qui leur proposent des achats, rendraient aux voleurs presque impossible de profiter de leurs crimes.

Eh bien, le Mont-de-piété ne prend pas toutes les précautions nécessaires pour éviter d'être le plus grand et le plus commode des recéleurs.

Voici deux coquins, mâle et femelle, qui, dans l'espace d'une année, ont volé pour cent douze mille francs d'objets de luxe, et qui s'en sont tranquillement débarrassés en les mettant au Mont-de-piété, qui leur donnait en échange une partie de la valeur des objets; — soit huit mille francs pour des châles estimés vingt-huit mille francs.

Notez que le Mont-de-piété et sa dangereuse facicilité étaient tellement appréciés des deux gredins en question, qu'ils n'avaient jamais recours à un autre expédient; ils l'avaient, pour ainsi dire, fait entrer à son insu dans une sorte de société en commandite pour le vol des cachemires et des dentelles; Stanislas Mote, veuve Dumont, le Mont-de-piété et C°.

Pour bien éclairer l'administration du Mont-de-piété elle-même sur le danger et l'odieux de sa situation, il faut lui retracer les chances qu'elle courait à son insu; elle donnait, par exemple, huit mille francs sur des châles estimés vingt-huit mille; mais ceux qui avaient déposé les châles dans ses magasins ne les auraient jamais retirés et auraient abandonné le reliquat; les bénéfices du Mont-de-piété auraient été et sont journellement, dans les cas pareils, d'une énormité scandaleuse.

Il est temps, il me semble, de remédier à cet état de choses : il faut que le Mont-de-piété exige et donne des garanties que les objets qui lui sont confiés le sont par leur légitime propriétaire ; il est évident que les précautions que l'on prend sont insuffisantes.

Qui empêcherait, par exemple, de donner à l'engagement les formes imposées à la vente — entre autres le payement à domicile ?

N'est-il pas dangereux encore que les buralistes des succursales soient, comme je crois, payés au prorata des engagements qu'ils font ? Cette situation ne doit-elle pas les rendre plus faciles ? Le Mont-de-piété appelle de grandes réformes ; l'intérêt y est trop élevé pour le pauvre : le plus souvent, celui-ci ne retire pas les objets engagés, et l'opération, sous prétexte de bienfaisance, se réduit à ceci — qu'au lieu d'engager, il a vendu désavantageusement. A ces deux points de vue, et peut-être à d'autres que j'ignore, il est urgent de modifier cette institution.

X

HISTOIRE D'UN CONTEMPORAIN.

J'ai retrouvé par hasard un homme que je n'avais pas vu depuis bien longtemps. — Cet homme avait autrefois une spécialité : il avait failli être mêlé à tous les événements de son temps. Il avait passé et passait à côté de tout.

Si l'on parlait devant lui de la révolution de juillet, il vous interrompait et disait :

— J'ai bien failli être l'homme mort que l'on porta à travers les rues, ce qui indigna si fort les populations. J'allais précisément mettre une carte dans une maison de la rue où il a été tué — au n° 12; — mais je rencontrai en route un de mes amis qui m'arrêta un quart d'heure; de sorte que je n'allai pas, ce jour-là, où j'avais résolu d'aller; sans quoi... c'est précisément à l'instant où l'on tira les coups de fusil que je me serais trouvé dans la rue.

Lors de l'horrible accident du chemin de fer de

Versailles, il courut tout Paris le lendemain, et allait disant à toutes ses connaissances :

— C'est un grand hasard si vous me voyez en vie; à l'heure qu'il est, je devrais être brûlé — carbonisé. Figurez-vous que la Providence m'a fait miraculeusement échapper à la catastrophe.

— Vraiment !

— Je vais vous conter cela.

« Je devais aller à Versailles; j'ai là des amis chez lesquels je vais quelquefois manger la soupe. J'avais averti chez moi que je dînerais dehors et que je ne rentrerais que le soir, et, *in petto*, j'avais fixé pour mon retour l'heure précisément où arriva l'épouvantable malheur. Je monte en wagon, et j'arrive à Versailles; je vais chez mes amis. Fatalité! ils sont sortis, ils sont allés dîner à Ville-d'Avray, — ils ne rentreront pas de la journée. — Que faire? Je prends mon parti, je dîne chez un restaurant et je me dispose à m'en retourner chez moi. — Me voici au débarcadère ; je me présente devant le guichet, je demande une place pour Paris, la buraliste la coupe et la met sur son bureau devant moi. Pendant ce temps, j'avais fouillé nonchalamment dans la poche gauche de mon pantalon — celle où j'ai l'habitude de placer ma bourse, elle n'y est pas. — Je cherche dans ma poche droite — encore plein de sécurité — il est si facile de se tromper de poche! — et si excusable même, quand l'erreur ne se commet qu'entre ses propres poches à soi-même!

« Rien dans la poche de droite.

« Mon sang-froid s'altère un peu ; je fouille un peu plus vite dans les poches de mon paletot : rien.

« Ici, le sang-froid disparait ; ma tête se trouble. Je cherche dans des poches impossibles ; — un homme placé derrière moi, et que j'empêchais de prendre son billet, me prie de le laisser passer, je réponds avec impatience ; — il m'appelle manant, mais je ne l'écoute pas : mes mains sont occupées à palper fiévreusement toute ma personne. — Je cherche jusque dans mes bottes ; — plus de doute, j'ai perdu ma bourse. — Ah! mais, sans doute, je l'ai laissée au restaurant ; je m'enfuis sans répondre à la buraliste qui me crie :

« — Eh! monsieur, votre billet.

« Je cours chez le restaurant : — personne n'a vu

ma bourse. — Jolie position ! — Je m'indigne, — je jure, — oui, monsieur, je jure, quoique ce soit peu dans mes habitudes.

« — C'est fait pour moi ! m'écriai-je ; — que faire ? — que devenir ?

« Je pris un parti héroïque — le seul qui me restait à prendre — revenir à pied. — De Versailles à Paris, il y a une jolie promenade : je la fis, cette promenade, en maugréant, en me plaignant, en appelant la Providence barbare, etc. Ignorance et ingratitude !

« Pendant ce temps, le convoi dans lequel je devais partir brûlait sur la voie ferrée, — les voyageurs étaient écrasés, broyés, rôtis! — et j'échappais miraculeusement. Je vous prie de croire que je demandai pardon à la Providence, qui m'avait traité comme le juste de l'arche.

« A la révolution de juillet, — ajoute-t-il, — dont je vous parlais tout à l'heure, — j'ai failli être gouvernement.

« Nous étions une quinzaine autour d'une table à l'hôtel de ville ; — je m'étais mis là parce que j'étais fatigué ; mais les autres étaient très-occupés ; — ils écrivaient des ordres, je l'ai su depuis, et les donnaient à des hommes qui s'éloignaient rapidement dans toutes les directions.

« Un de ces hommes, qui revenait, s'adresse à moi et me demande un nouvel ordre ; je ne répondis pas, je n'avais en réalité pas d'ordre à donner.

« Je lui fis signe de s'adresser à un de mes voisins, ce qu'il fit ; mais le voisin me dit :

« — Faites-le vous-même.

« Et il me poussa un papier écrit en ajoutant :

« — C'est toujours le même, — copiez.

« Je copiai — fort étourdi de la situation, puis je donnai ma copie à l'homme qui attendait.

« On attend, on porte, on exécute mes ordres ; — je suis gouvernement. Mais j'avais quelques raisons de sortir un instant, — de prendre l'air, — je me lève ; mais on s'habitue vite aux grandeurs — quand une fois on a été un homme politique... Vous n'avez jamais été homme politique, vous ne pouvez pas comprendre cela.

« Cela m'inquiétait, de quitter ma place ; cependant... il le fallait.

« Ma foi! il me vint une inspiration subite : je me levai, mis mon chapeau à la place que je quittais et allai satisfaire mon besoin de prendre l'air. — Je ne fus dehors que quelques instants, pendant lesquels je m'étais retracé les devoirs d'un gouvernement.

« — Je veux, disais-je comme Trajan, être le gouvernement que je désirais avoir étant sujet.

« En méditant ces choses et quelques autres aussi capables d'assurer le bonheur du peuple, je me retrouvai devant la table ; les autres écrivaient toujours ; mais, moi, je n'étais plus gouvernement : on avait pris ma place — un monsieur bien vêtu, du reste, qui écrivait comme les autres.

« — Pardon, monsieur, lui dis-je, vous avez ma place.

« — Quelle place?

« — Celle que j'occupais, j'ose le croire, à la satisfaction générale, lorsque j'ai dû...

« — Tenez, portez cet ordre.

« Ma foi, je manquai de patriotisme, je ne me résignai pas à des fonctions subalternes.

« Je pris un air majestueux.

« — Monsieur, dis-je, rendez-moi au moins mon chapeau.

« — Quel chapeau?

« — *Mon* chapeau, que j'avais mis à *ma* place — et que vous avez dû déranger pour prendre cette place.

« — Je n'ai pas dérangé de chapeau.

« — Alors, c'est vous qui êtes assis dessus.

« — Voyez.

« — Précisément. Eh bien, il est dans un joli état!

« — Voulez-vous porter cet ordre?

« Je pris le contre-pied de ce proverbe :

Tel brille au second rang qui s'éclipse au premier.

« J'avais brillé au premier rang, je m'éclipsai quand on me proposa le second — ou du moins, si je brillai, ce fut par mon absence.

« C'est une des grandes occasions de ma vie. Eh bien, monsieur, ça n'a pas été long; mais c'est un breuvage bien dangereux que celui que l'on boit dans la coupe du pouvoir.

— Quel style!

« — Quand je parle de cet événement, j'ai le langage héroïque.

« Cela m'a jeté dans les préoccupations ambitieuses de la politique ; il m'a été impossible de ne pas comparer les actes des gouvernements qui se sont succédé depuis aux intentions que je m'étais senties en remontant l'escalier de l'hôtel de ville.

« Eh bien, vrai, j'aurais fait davantage pour le peuple ; — je n'aurais pas commis les fautes qu'ils ont commises ; — en un mot, c'est peut-être dommage que je ne sois pas resté gouvernement. »

Je remplirais beaucoup plus que le présent volume, si je me rappelais et si je voulais conter la moitié des événements dont il a failli faire partie, — des combats, des catastrophes où *il ne s'en est pas fallu de ça* qu'il ne fût vainqueur ou victime.

Toujours est-il que je le trouvai par hasard dans une maison à lui qu'il a fait bâtir dans un lieu assez agréable ; il s'est, dit-il, tiré des agitations de la vie active, il a manqué d'être tant de choses, il a failli en faire tant d'autres, qu'il est aujourd'hui un peu fatigué.

« — L'action, me dit-il, convient à la jeunesse; mais, quand on est *sur l'autre versant de la montagne*, on aime le repos.

« Je me suis tout à fait retiré du mouvement.

« Voulez-vous voir ma maison?

« C'est une maison à l'italienne, comme il y en a beaucoup à Gênes : — de grandes salles à plafond en dôme — et toute peinte à la fresque.

« — Que de peintures! m'écriai-je.

« — Si vous voulez connaître les sujets des tableaux, répondit-il, vous pouvez consulter ce livret.

Et je consultai le livret.

Là, j'appris ce qu'il ne m'avait pas encore dit : il a perdu sa spécialité; je le questionnai, et il me répondit de bonne grâce.

Il a fini par faire tout à fait quelque chose.

C'était dans une ville de province; on l'invite à une distribution de prix dans une école de garçons, on l'avait invité à y assister comme bourgeois notable. M. le maire, qui devait présider à la cérémonie, s'étant trouvé indisposé, on le pria de le remplacer; M. le maire avait promis un discours, on lui donna le discours de M. le maire tout écrit : il n'en fut pas très-embarrassé, attendu que c'était lui qui avait fait ce discours pour le magistrat.

Notre homme a conservé la conviction qu'il a été un personnage, et que l'histoire de son temps est et restera inextricablement mêlée à son histoire particulière.

Il ne porte que peu d'intérêt à ce qui se passe aujourd'hui et se repose dans ses souvenirs ; il croit qu'il ne se passe plus que de petites choses.

Le grand salon est consacré à une seule histoire : ce n'est pas celle qui a laissé le plus de traces peut-être dans la mémoire des contemporains ; mais c'est celle où il a joué un vrai rôle, — où il l'a joué jusqu'au bout.

C'est l'histoire de son discours.

Ici, il est curieux de suivre le livret.

Vue de la classe de la pension V*** avant le discours de M. X... — Les élèves sont fort dissipés ; — le peintre, qui doit être quelqu'un de gai, a rappelé heureusement les crimes des écoliers : — le morceau de papier attaché à l'abdomen des mouches, — la caricature du professeur pendant du plafond où elle a été collée avec du papier mâché, et tournoyant au bout d'un fil, — les cocottes faites avec des feuillets du dictionnaire, etc.

En pendant, *Vue de la même classe après le discours.* — Les élèves sont, les uns pensifs, les autres appliqués; ils sont penchés sur leur pupitre, et ne se permettent aucune distraction.

M. X... méditant son discours. — Il est au bord de la mer, appuyé sur un rocher, les yeux levés au ciel, les cheveux agités par le vent.

M. X... prononçant son discours. — Il a une main passée dans son gilet.

M. X... après son discours prononcé. — Il s'essuie le front et sourit avec complaisance aux applaudissements qui menacent de faire crouler la salle.

Heureuse influence du discours de M. X... sur l'avenir des écoliers qui l'ont entendu. — Au fond du tableau, le temple de la Gloire et de la Fortune; sur le chemin qui y conduit sont rangés tous ceux des écoliers de la pension V*** qui ont fait honneur à la pension et à leur famille, et illustrent la ville qui les a vus naître.

Le livret donne l'explication et les noms. « M. D***, aujourd'hui l'un des plus forts droguistes de la rue des Lombards, à Paris. — H*** a suivi la voie ardue des lettres; il collabore aux *Petites-Affiches* de la ville. — F*** est conseiller municipal. — C*** voyage pour une excellente maison de vins de Champagne d'Épernay. — S*** est le plus fort amateur de la ville sur l'accordéon. — B*** joue au billard comme on n'y a jamais joué de mémoire d'homme. — P*** a fait placer à ses frais un banc de bois sur la promenade publique. »

Et, à l'angle le plus éloigné du temple, on voit X***, qui, de la main, montre le chemin à cette brillante pléiade.

Eh bien, voilà un homme heureux ! — Je vous prie de croire que j'ai respecté son bonheur, et, si j'écris ces lignes qui seront imprimées demain, c'est que je sais qu'il ne lit rien.

Il a, dans une bibliothèque fermée à clef, les auteurs du siècle de Louis XIV — et un exemplaire de son discours — doré sur tranche, magnifiquement relié en maroquin bleu.

XI

A PROPOS DE BLASPHÈME.

Un homme vient d'être condamné à un emprisonnement de huit jours pour blasphème — à Ventimiglia, province de Gênes.

Huit jours — ça ne vaut réellement plus la peine ! — Parlez-moi du bon vieux temps.

Sous Louis XII (édit du 9 mars 1520) :

« Ceux qui feront de *vilains* serments contre Dieu, la Vierge et les saints, payeront une amende qui sera toujours doublée à chaque récidive, jusqu'à la cinquième fois ; alors, ils seront, en outre, mis au carcan ; à la sixième, ils auront la lèvre supérieure coupée d'un fer chaud ; à la septième, on leur coupera la lèvre inférieure, et, à la huitième fois, la langue. »

En 1542, le parlement de Toulouse a condamné pour blasphème plusieurs particuliers, les uns à recevoir le fouet et à avoir la langue percée, deux à avoir la langue coupée.

En 1545, arrêt de mort au parlement de Paris pour blasphème.

En 1578, arrêt qui condamne deux particuliers à être pendus, puis brûlés avec leur procès, pour blasphèmes exécrables.

En 1607, arrêt qui condamne un savetier de Paris à être pendu pour blasphème.

Ordonnance du 20 mai 1681, qui défend à tout soldat de jurer et blasphémer — sous peine d'avoir la langue percée d'un fer chaud. — Cette disposition est renouvelée en 1727.

En 1720, deux particuliers condamnés à avoir la langue coupée, et à être brûlés vifs pour blasphèmes exécrables.

En 1725, Joseph Pinard, convaincu de jurements et blasphèmes, a été condamé à avoir la langue percée d'un fer chaud, puis mené aux galères pour cinq ans.

En 1748, à Orléans, un autre blasphémateur a été

condamné à avoir la langue coupée, et, ensuite, à être pendu.

En 1757 (il y a cent ans !), loi qui déclare que ceux qui auront composé, fait composer ou imprimer des écrits tendant à attaquer la religion seront punis de mort.

A la bonne heure !

Cependant il reste un argument contre ces rigueurs.

Comment se fait-il qu'elles n'aient pas été plus efficaces et qu'elles n'aient pas empêché d'arriver le temps où nous sommes et où certain parti les regrette ? Elles ont donc été inutiles ? Cela vaut la peine qu'on y réfléchisse un peu avant de demander leur retour.

XII

CECI ET CELA

Une pensée de M. Sauvage, doyen de la faculté des lettres de Toulouse — lequel, du reste, en a publié de fort jolies :

« La cause la plus ordinaire du célibat des filles, c'est qu'elles ne sont ni assez riches ni assez pauvres pour se marier. »

Je crois que la première des deux causes est la plus facile à prouver; néanmoins, à cause de l'obscurité de la phrase, je proposerai à M. Sauvage une variante qui aura au moins le mérite d'une clarté incontestable — et qui, au fond, aura le même sens que sa pensée :

« La cause la plus ordinaire du célibat des filles est qu'on ne les épouse pas. »

J'ai toujours été, en journalisme et en littérature, pour la signature réelle; en affaires commerciales, pour la marque de fabrique, ce qui est absolument la même chose. J'ai cependant vu des journalistes plaider avec une éloquence suffisante pour la marque de fabrique dans des articles qu'ils ne signaient pas.

M. le maire de la ville de Tours en France vient de prendre un arrêté qu'on ne saurait trop approuver. Remarquant que l'on vend beaucoup de viande de vache pour de la viande de bœuf, et de chèvre et de bouc pour du mouton (cette dernière fraude est peu usitée à Paris, mais très-ordinaire dans le Midi, où l'on élève les chèvres par grands troupeaux), M. le maire de Tours a décidé : « Les animaux de boucherie abattus à l'abattoir de Tours ne pourront en sortir que marqués sur les divers quartiers : les bœufs de la lettre B, les vaches de la lettre V, les chèvres et les boucs de la lettre C. »

C'est évidemment une innovation à imiter.

———

J'ai lu je ne sais où un bel éloge de la chasse : « Heureux celui qui n'a plus les hommes, mais seulement les loups et les renards pour ennemis. »

———

Quel que soit le faux droit que notre orgueil s'arroge,
Si l'homme fait les lois, la femme les abroge.

———

Je compare ces gens si sages pour les autres — aux critiques qui sont facilement devenus grammairiens, mais ne pourraient cependant faire un livre.

———

Nous appelons entêtement la persévérance des

autres, et nous réservons le nom de persévérance pour notre entêtement.

—

« Mon ami, disait un homme à un autre qui lui demandait cinq francs, il faut savoir se priver et se contenter de ce qu'on a. Quand je ne puis pas avoir un faisan à mon dîner, je me contente d'un perdreau; si je n'ai pas de vin de l'Ermitage, je bois tout simplement du vin de Bordeaux, pourvu qu'il soit d'un bon cru et pas trop jeune. »

—

Il y a une chose dont il serait dangereux que les femmes fussent trop convaincues : c'est qu'il n'y a pas d'amants aussi amoureux et aussi aimables que ceux qu'elles rendent malheureux.

—

L'obscurité augmente l'audace des amants de tout le courage qu'elle ôte aux autres hommes.

—

On a mis l'honneur des hommes dans la bravoure, et celui des femmes dans la chasteté; ici est un grand désavantage pour les femmes.

Ce n'est pas avant vingt ans qu'un homme a à faire

preuve de sa bravoure — et cela en public, devant des amis et des adversaires dont la présence le soutient de deux côtés différents.

Une femme a à lutter beaucoup plus tôt pour sa chasteté, — et ces combats ont lieu, en secret, sans témoins.

Chez l'homme, l'amour naturel de la vie est combattu par la colère et l'orgueil, qui sont des instincts également naturels.

Chez la femme, l'amour n'est combattu que par des conventions sociales.

> Le poëte, à grands pas, s'éloigne de la foule
> Et va chercher la mousse et les ombrages frais.
> C'est dans le fond des bois que le ramier roucoule ;
> Le rossignol ami des nuits et des forêts
> Ne chante pas à l'heure ou caquète la poule.

Quand les hommes ne sont pas très-supérieurs aux femmes, ils leur sont très-inférieurs.

Il ne faut pas trop s'inquiéter pour l'avenir de la bassesse et des turpitudes d'une époque; il y a six mois, on a enterré du fumier au pied de ces rosiers, et ils lui doivent une partie de leur éclat et de leur parfum.

—

Le plus souvent, il suffit que la femme ait un visage ; — l'homme est à peu près obligé d'avoir une tête — ou, du moins,

<blockquote>Cette chose arrondie, et que, pour être honnête,
Par cela qu'elle est haut, j'appellerai la tête.</blockquote>

—

En amour, les femmes regardent le commencement, et les hommes la fin.

XIII

LE MAIRE DE BÉZIERS.

M. le maire de Béziers vient de promulguer un arrêté dicté par les meilleures intentions, mais sur l'efficacité duquel je lui demande la liberté de lui présenter quelques observations, ainsi qu'à M. le préfet, qui a approuvé l'arrêté.

Disons entre parenthèses qu'il s'est passé dernièrement un fait important.

A propos d'une question de théâtre — les débuts — un ministre a invité publiquement les autorités locales à étudier la question et à lui transmettre le résultat de leurs observations. — Ce serait un aliment et un exercice à donner à la presse que d'étendre cette pensée du ministre et de mettre ainsi certaines questions à l'étude en engageant les journaux à les traiter pour y puiser des renseignements.

C'est ce qui arrive en Russie à propos de cette immense révolution, préparée par le czar, de l'affranchissement des serfs : il a, dit-on, fait appel à toutes les intelligences pour élucider la question, et j'ai entendu des observations écrites pour lui être adressées, qui passeraient pour hardies en France et dans beaucoup d'autres pays.

Revenons à l'arrêté de M. le maire de Béziers.

Les considérants de l'arrêté de M. le maire de Béziers portent que « le jeu de la *poule,* au billard, a lieu dans les cafés de cette ville avec une passion qui dépasse les bornes d'un jeu de distraction et d'amusement, et que les pertes considérables qui ont été faites par des jeunes gens ont motivé, de la part de leurs parents, de vives réclamations, dont l'autorité s'est justement émue. »

Il est très-bien, monsieur le maire, il est excellent, monsieur le préfet, de prendre en considération l'inquiétude légitime des familles; mais êtes-vous bien sûrs d'avoir trouvé là une mesure efficace, ou avez-vous la conscience de n'avoir apporté qu'un palliatif momentané?

Si vous êtes du second avis, nous sommes d'accord; si, du premier, — non.

Permettez-moi de vous soumettre mon opinion à ce sujet, comme si j'avais l'honneur d'être un des conseillers municipaux de la ville de Béziers.

Êtes-vous bien certains que ce soit précisément la *poule* qu'aiment vos administrés? Je crois plutôt que c'est le jeu.

Or, maintenant que vous avez supprimé la *poule*, qu'arrivera-t-il? Ce qu'il arrive dans toutes les pas-

sions. On a dit — je crois que c'est moi — à propos de
l'amour : « Avec des obstacles et la première venue,
on fait une passion. »

Vous avez, dans d'autres villes, des gens qui font,
au *bézigue*, précisément les mêmes folies que les
vôtres font à la *poule*.

Ceux-ci ne tarderont pas à donner, sous d'autres
formes, un aliment à leur passion ; ferez-vous des
arrêtés pour prohiber successivement tous les jeux
qui succéderont à la *poule?*

Je voyais hier, à la quatrième page d'un journal,
l'annonce d'un livre qui traite de cent trente jeux
différents, — seulement au moyen des cartes ! — c'est-
à-dire de cent trente manières de perdre son argent
aux cartes.

Et le diable sait combien il y en a d'autres. J'ai
connu un homme qui avait perdu trente mille livres
de rente aux dominos, et notez que personne ne les
avait gagnées, — et c'est là qu'est le plus grand mal !
— Tandis que lui perdait ses trente mille livres de
rente, ses adversaires ne gagnaient que des demi-
tasses de café, des grogs, des verres de punch qu'ils

buvaient sans soif, et des soupers qu'ils digéraient laborieusement. — Un autre s'est ruiné au bilboquet.

On parlait dernièrement de deux joueurs qui, en wagon, mettaient sur une banquette deux pièces d'argent à deux effigies différentes — et pariaient sur celle qui des deux serait la première jetée à terre par les mouvements et les oscillations de la voiture. Ce jeu avait, en outre, un petit attrait de pronostication politique.

Malebranche jouait, dit-on, avec des enfants, à qui le premier ferait croiser deux épingles. Charles XII à Bender, en Turquie, jouait aux échecs, et un de ses historiens raconte que, obéissant dans ce jeu à son caractère, il voulait toujours faire agir le roi ; ce qui lui faisait perdre presque toutes les parties.

Je vous vois, monsieur le maire et monsieur le préfet, monstrueusement d'arrêts successifs à promulguer.

Un médecin qui, découvrant des rougeurs à la peau, s'amuserait à mettre du blanc sur ces rougeurs, ou à les faire passer sans se préoccuper de la cause qui les a fait naître, serait un mauvais médecin.

C'est le jeu qu'il faut attaquer et non pas le jeu de la *poule*.

Le jeu du billard ne serait pas un mauvais jeu en lui-même, parce que c'est à la fois un exercice et un jeu d'adresse, — et le bon sens est d'accord avec une loi ancienne qui ne reconnaît les dettes de jeu que lorsqu'elles ont pour cause des jeux d'adresse.

Seulement, le jeu du billard a pour théâtre le café.

C'est donc l'ennui et l'oisiveté qu'il faut attaquer.

Eh bien, encouragez d'autres divertissements : — la chasse, la pêche, l'équitation, la natation, la *canoterie*, — si votre rivière d'*Orbe*, que je ne connais pas, le permet, — la musique, la danse, etc.; réunissez autour de vous, parmi les quinze ou seize mille habitants, je crois, que contient Béziers, un certain nombre de jeunes gens ; ce noyau formé, donnez ou provoquez des fêtes, des bals, des cavalcades; formez un Orphéon ; instituez des prix pour les exercices ; si vous avez un journal, tâchez qu'il soit d'accord avec vous pour entraîner les jeunes gens aux exercices et aux jeux nobles, pour les ramener à la jeunesse.

Cet été, les bals champêtres, les courses de bateaux, — toujours si l'Orbe le permet, ce que je suppose.

Dès à présent, organisez une cavalcade masquée avec quête au profit des pauvres pendant le carnaval, comme nous en faisions et comme on en fait sans doute toujours au Havre, à Lille, etc.; prenez et reproduisez un des moins tristes de vos faits historiques, qui, malheureusement, en général, ne sont pas gais — pour donner plus d'intérêt à votre cavalcade.

La jeunesse s'ennuie, joue à la *poule*, et joue de l'argent ; ne lui défendez pas de jouer à la *poule*, — mais entraînez-la à d'autres amusements.

XIV

DE M. BABINET.

Le rêve de M. Babinet de l'Institut serait d'être métamorphosé en quelqu'un de ces capucins hygrométriques qui, par l'influence qu'exerce sur une corde de boyau la sécheresse ou l'humidité, ôtent ou remettent leur capuchon, selon que le temps doit être serein ou pluvieux ; ce capucin serait de stature colossale et placé au faîte d'une colonne de façon à être aperçu de tous les points de Paris.

M. Babinet explique tout, prédit tout, et a remplacé et détruit Nostradamus et le *Double Liégeois*; donc, les almanachs sont aujourd'hui devenus impossibles. Ce n'est pas un de ces savants comme Réaumur, qui disait souvent : « Je ne sais pas; » comme Arago, qui le disait quelquefois.

M. Babinet a expliqué dans le temps les tables tournantes. — Les tables tournantes ! — j'ai vu à Nice, il y a deux ou trois ans, une forte et très-belle personne, qui riait beaucoup des explications de M. Babinet, devant lequel elle avait fait tourner une table — et qui donnait du phénomène d'autres explications fort claires, qu'elle terminait par ces mots expressifs et colorés :

— C'est amusant, mais c'est la mort aux bottines.

A propos de prédictions sur l'hiver, M. Babinet vient de le déclarer devoir être très-rigoureux. Les marchands de bois et les marchands de mottes à brûler ont fait un banquet où l'on a prodigieusement bu et tosté à la santé de M. Babinet, auquel on a ensuite offert une bûche d'honneur et des mottes à brûler enjolivées de faveurs tricolores; la députation de ces honorables commerçants chargée de porter cet hommage à M. Babinet lui a adressé des *paroles chaleureuses* — auxquelles M. Babinet a répliqué par un discours *bien senti*.

Je regrette de n'avoir pu me procurer le texte de ces deux morceaux; tout ce que me dit mon correspondant, c'est que le discours des représentants du combustible a déclaré le membre de l'Institut « protecteur des rondins et cottrets et sauveur des mottes à brûler reconnaissantes. »

Tous les ans, les journaux, comme M. Babinet cette année, prophétisent un hiver rigoureux : on a vu des volées d'oies sauvages traverser ou ceci ou cela; or, les oies sauvages et tous les oiseaux voyageurs émigrent tous les ans à la même époque, sans en savoir plus long sur l'avenir de l'hiver que n'importe quel membre de l'Institut.

Il est également une autre nouvelle que la plupart des feuilles périodiques annoncent invariablement une fois par an. C'est une tentative de plantation de mûriers blancs — et l'*espoir* que cet arbre pourra s'acclimater en France.

Or, Sully, le ministre d'Henri IV, avait fait de grandes plantations de mûriers blancs qui sont tous acclimatés depuis plus de deux cent cinquante ans.

XV

L'AUTEUR.

J'ai à répondre à un reproche que m'adressent certaines personnes de revenir souvent sur les mêmes sujets.

Ces personnes sont trompées par la forme de conversation enjouée qu'ont habituellement mes écrits. — Je ne suis pas un musicien exécutant plus ou moins habilement des airs et des variations sur le violon et sur le piano : je suis un soldat armé contre certaines gens et contre certaines choses. Consultant à la fois la nature de mon esprit et la nature des choses et des gens que j'attaque ; considérant que beaucoup de choses humaines sont des outres gonflées de vent, — j'ai, comme je l'ai dit ailleurs, divisé et changé mon glaive en une multitude d'épingles ; quelquefois une seule piqûre suffit pour crever et aplatir l'ennemi ; alors je l'abandonne et n'en parle plus ; mais d'autres ont la peau plus épaisse, et, d'épingle en épingle, il faut que le glaive y passe tout entier.

Je n'ai pas cette prétention de croire que les abus, les injustices, les absurdités que j'ai touchés en passant, soient, par cela seul, détruits ou sacrés ; hélas ! dans une guerre sans relâche de quinze années, je n'ai remporté de victoire complète que sur trois ou quatre infamies et autant de sottises ; — les autres sont debout et il faut que je les attaque encore. — Il y a dans la mission que je me suis donnée un côté sérieux, dont je ne me vante pas, que je dissimule au contraire de mon mieux, mais qui a ses nécessités pour lesquelles je prie mes lecteurs d'être indulgents.

XVI

DIRE ET AVOUER.

Lorsque, dans le siècle précédent, Struensée eut la tête tranchée, on dit à je ne sais plus quel grand seigneur français :

— Struensée a *avoué* un commerce criminel avec la reine Caroline-Mathilde.

— J'espère que non, dit le grand seigneur; ce serait odieux.

— Permettez-moi de vous dire, reprit le Danois, qu'il ne vous appartient guère, à vous autres Français, de vous ériger en législateurs de la discrétion ; un de vos jeunes seigneurs dernièrement, qui avait obtenu la faveur de passer la soirée auprès d'une belle dame jusqu'au jour, se montrait, dès avant l'aube, très-agité et très-tourmenté. « Qu'avez-vous donc ? demanda la beauté vaincue. — Ce que j'ai ?...

C'est que je voudrais l'aller raconter. » Vous passez tous pour être un peu comme cela.

— Il y a une immense différence, repartit le Français; si un Français avait eu l'honneur que vous prêtez à Struensée, il l'aurait probablement dit à tout le monde; mais il aurait mieux aimé mourir que de l'avouer à personne.

XVII

A M. LE PRÉFET DU JURA.

Le préfet du Jura vient de prendre un arrêté prescrivant aux gardes qui dressent des procès-verbaux pour délits de chasse, de décrire minutieusement les armes saisies, afin de mettre fin à cet abus qui consiste à présenter au tribunal un fusil de dix francs, acheté chez le premier revendeur, à la place souvent d'une arme de grand prix.

Je gage que M. le préfet du Jura rapportera son

arrêté ou le modifiera quand on lui aura soumis les observations que voici :

La loi défend aux gardes de désarmer les chasseurs pris en contravention — et la loi a raison : être désarmé est choquant, humiliant dans un moment surtout où l'on est échauffé par l'odeur de la poudre, chagriné d'être surpris, et enchanté de pouvoir se fâcher contre quelqu'un à propos d'un désagrément dont raisonnablement on ne devrait se prendre qu'à soi-même.

Des luttes, des blessures, des meurtres avaient été causés par les tentatives faites par certains gardes pour désarmer des chasseurs.

Comment pourra-t-on décrire minutieusement un fusil si on ne le tient pas à la main ? comment le tenir à la main si le chasseur ne veut pas le donner ? et pourquoi le donnerait-il, puisque la loi n'accorde pas au garde le droit de le désarmer ?

Que fera le garde ? Le préfet lui ordonne de décrire *minutieusement* le fusil; le chasseur ne veut pas le lui livrer et la loi lui défend de le prendre.

Se fera-t-il à l'avance une description de fusil magnifique — qu'il attribuera à tous les chasseurs contre lesquels il procédera? Mais son serment!

Il n'y a pas à craindre que l'on se fasse confisquer un fusil de dix francs si l'on veut bien faire attention à ce qui se passe à Paris en pareille occurrence — je ne sais si c'est en vertu d'une loi, d'une ordonnance, ou d'un arrêté.

Le fusil est toujours réputé valoir cinquante francs — sans examen préalable ni postérieur. C'est comme le diamant de deux mille francs que l'on lègue au notaire ou à l'exécuteur testamentaire; cela veut dire : « Une pièce de deux mille francs. »

On évite ainsi des chances d'événements funestes, qui trop de fois ont fait mourir deux hommes, l'un par le fusil, l'autre par l'échafaud.

XVIII

L'ÉCOLE VEUILLOT.

Un curé (école Veuillot), ayant insulté en chaire une de ses paroissiennes, a été condamné pour diffamation. — Mais le jugement a été cassé par la cour impériale de Toulouse, parce qu'un ecclésiastique ne peut être poursuivi sans l'autorisation du conseil d'État; le rapporteur au conseil d'État conclut à l'autorisation de poursuivre, le procès va recommencer.

Cela me rappelle un autre procès que j'ai vu dans mon enfance dans une petite ville.

Une personne de la ville avait l'habitude de se placer dans la nef de l'église sur deux chaises, au bas de la balustrade qui fermait l'autel de la Vierge, et cette balustrade lui servait à poser son livre ou à s'appuyer.

Le curé, qui était mal avec cette dame, imagina de

faire mettre trente-deux pointes de fer très-aiguës sur cette balustrade.

Comme ce n'était pas un fait isolé, comme, en donnant l'eau bénite, il affectait de n'en pas donner à cette dame, relevant son goupillon avec un geste d'horreur quand il arrivait à elle, il y eut plainte et procès; le curé fut admonesté et contraint d'enlever les trente-deux pointes de fer.

Il y a longtemps déjà, dans une bourgade que j'habitais, un curé contre lequel j'avais eu, par hasard, à défendre les droits des pauvres, s'avisa de prêcher contre moi le dimanche; cela eut un succès prodigieux. Le dimanche suivant, l'église était pleine. Enivré de son succès, il recommença de plus belle; je mis fin à cette comédie par le procédé très-simple que voici : je priai un journal de la ville voisine de me permettre de publier tous les lundis un feuilleton sur les représentations données chaque dimanche par M. le curé*** dans l'église de... : après deux feuilletons, il y eut relâche.

Un journal de Bruges — également école Veuillot — vient de donner le scandale d'injurier, le lendemain de son enterrement, un homme qui, usant de sa liberté de conscience et se confiant dans la grandeur de Dieu, avait voulu être inhumé sans aucune cérémonie.

Il y a un vieux proverbe qui dit : « Il vaut mieux parler à Dieu qu'à ses saints. » Pourquoi voulez-vous qu'un homme qui, dans sa libre opinion, ne vous croit pas les saints de Dieu, vous charge, vous qui restez ici-bas et y resterez le plus longtemps que vous pourrez, d'intercéder pour lui auprès du Souverain Maître, en présence duquel il se trouvera tout à l'heure ?

En général, dans beaucoup de discussions de ce genre, on a tort des deux côtés : les prêtres quand ils veulent obliger à avoir recours à leur ministère des gens qui, à tort ou à raison, n'ont pas de confiance dans ce ministère, et les libres penseurs morts, quand ils prétendent obliger les prêtres à dire sur eux des prières à l'efficacité desquelles ils ne croyaient pas vivants.

Les cimetières n'appartiennent pas à telle ou telle Eglise ; — ils appartiennent tout simplement aux morts — qui peuvent y user de leur droit d'asile dans la forme que leur libre conscience leur fait supposer la meilleure. La sortie de *la Patrie* de Bruges a été avec raison jugée odieuse.

XIX

CE QU'ON DEVRAIT FAIRE DES AMENDES.

Voici, venant de la cour d'assises de Paris, un renseignement qui n'est pas sans intérêt :

« La collecte de MM. les jurés pour la deuxième quinzaine de décembre 1858 a produit la somme de 250 francs, dont 130 francs ont été attribués par eux à une jeune fille, victime de traitements odieux de la part de ses père et mère, condamnés au cours de la session, laquelle somme sera placée, au nom de cette enfant, à la caisse d'épargne par les soins de M. le président.

« Les 120 francs restants ont été distribués par portions égales de 15 francs entre les huit sociétés de bienfaisance ci-après indiquées, savoir : Colonie de Mettray, Patronage des prévenus acquittés, Patronage des jeunes détenus, OEuvre des prisons, Société des jeunes économes, Société des amis de l'enfance, Patronage des orphelins des deux sexes et Patronage des orphelins et fils de condamnés.

» Les sommes ainsi recueillies par MM. les jurés à la fin de chaque session, et destinées aux maisons et actes de bienfaisance, se sont élevées pour cette année 1858 au chiffre de 5,522 francs 55 centimes ; l'année 1857 n'avait produit que 5,368 francs 10 centimes ; ce qui donne un excédant de 144 francs 45 centimes pour 1858. »

Il me semble que la collecte de MM. les jurés montre une route bien légitime et bien honnête aux diverses amendes prononcées par la justice et dont le sort m'a souvent inquiété ; à tel point, que je n'ai pas toujours été maître de dissimuler mon inquiétude.

Exemple :

A donne à B un coup de poing au milieu du visage.

B se plaint et va montrer le *bleu* à la justice ; la

justice examine le *bleu,* le constate, le blâme, — et condamne l'auteur à cinquante francs d'amende.

Qui touche l'amende? B... probablement? Non; l'*État* a tant de chagrin de voir ses enfants se faire mutuellement des *bleus* au lieu de vivre dans une douce paix, qu'il est obligé de s'offrir à lui-même des consolations. Il garde les amendes pour lui.

L'État me rappelle un peu cet homme qui, voyant une femme s'évanouir, tire, secoue et casse la sonnette; on accourt.

— Vite un verre d'eau!

Notre homme le boit.

Ces amendes — j'ai déjà demandé qu'elles servissent à faire un fonds pour indemniser les gens accusés par erreur, emprisonnés, ruinés, déshonorés, acquittés et renvoyés avec ces mots qui, quoique prononcés avec onction par certains présidents, ne réparent pas tout à fait le préjudice causé :

— Ordonne que un tel sera immédiatement mis en liberté, s'il n'est détenu pour autre cause.

XX

M. DAMETH, PROFESSEUR D'ÉCONOMIE POLITIQUE A GENÈVE.

J'ai à remercier M. Dameth, professeur d'économie politique à Genève, d'une étude qu'il a bien voulu faire sur les nouvelles *Guêpes* et sur leur auteur, dans *l'Avenir* de Nice.

Quoi qu'on dise de la vanité des écrivains, ils ont, sur leur valeur, au sein même du succès, des doutes qu'il leur est très-agréable de voir dissiper.

Or, ce n'est pas un article décidément, résolûment et partialement louangeur qui est propre à dissiper ces doutes; la lecture de ce genre d'articles vous laisse plus convaincu et plus heureux de l'amitié de celui qui les a écrits que de votre propre valeur.

Un travail sérieux, au contraire, — où l'on vous refuse certaines qualités en vous en accordant certainés autres; — un travail où la critique sert de preuve à l'éloge, vous permet de humer consciencieusement la louange, et vous confirme le droit que vous vous êtes arrogé avec quelques scrupules de toucher au papier blanc.

Je le répète, c'est très-sincèrement que je remercie M. Dameth; ses articles m'ont été extrêmement agréables : — s'ils ne m'accordent pas tout ce que je désirerais avoir, ils me donnent plus que je n'espérais posséder. — Donc, j'ai sucé voluptueusement la praline, et je ne viens pas me plaindre ensuite injustement de ce que l'amande serait un peu amère; j'accepte le jugement de grand cœur, et je laisserai écouler les délais d'appel.

Si je réponds à quelques points touchés par M. Dameth, ce n'est pas pour me défendre, c'est pour défendre certaines idées que j'ai adoptées parce que je les crois bonnes.

Par exemple, je suis obligé de maintenir très-fermement mon opinion sur la signature des écrits périodiques et de tous les écrits, et j'assume la responsabilité de la part que j'ai prise à la rendre légalement obligatoire. Je reconnais que la signature enlève une certaine somme de puissance à la presse; mais c'était précisément la somme qui était usurpée.

Je sais aussi bien que qui que ce soit que la presse compte dans son sein un certain nombre d'hommes légitimement célèbres pour la fermeté de leur caractère et pour des talents de premier ordre; au-dessous de ceux-là et à des rangs divers, mais à des rangs honorables, se groupent d'autres écrivains estimés.

Mais tout le monde sait comme moi que les bas-fonds de la presse sont le refuge des nullités vaniteuses, envieuses et haineuses — des *fruits secs* exaspérés de toutes les professions libérales.

Supposez le journal, comme il a été longtemps, un temple fermé d'où il ne sort que des oracles, sans qu'il soit donné à personne de voir jamais le dieu ni les prêtres qui font souvent tant de tort aux dieux.

Le journal dit : *Nous.*

Et le public se représente dans ce temple, dans ce saint des saints interdit à ses regards, une assemblée de philosophes, tous appuyant leur coude sur une table de chêne druidique et sur leur main une tête blanchie par les années, l'étude et la sagesse — et une longue barbe blanche faisant trois tours sur la table.

Et le public écoute les oracles et les jugements sans appel.

Entre nous, ce n'est que rarement l'aspect que présente la salle de rédaction d'un journal.

Le journaliste n'est pas un dieu, ni même un juge ; il est un avocat qui plaide pour ce qu'il croit le juste et le vrai.

Le pouvoir que prétendaient certains membres de la presse était exorbitant et injuste ; il devait être ruiné dans un temps donné et entraîner dans sa ruine le pouvoir légitime. Tout pouvoir qui n'a pas de limites est, par cela même, condamné ; les limites sont sa consécration.

Pour être médecin, disons mieux, pour être avocat, la comparaison est bien plus proche, — quoique l'autre soit également applicable, — il faut subir des examens, donner des preuves de capacité, d'honorabilité.

Le journaliste, au contraire, s'examine et se reçoit lui-même — à peu près comme don Quichotte se fit chevalier; — mais avec quelle ardeur le héros de la Manche profite de la première occasion pour être armé selon les rits consacrés !

Je sais bien que vous pouvez me répondre : « Au journaliste il ne suffit pas de se déclarer journaliste, il lui faut un public et des lecteurs; c'est une sorte de royauté élective; celui qui se déclare journaliste n'est que candidat ou prétendant; — c'est l'abonné, c'est le lecteur qui l'élit et le consacre. »

A peu près comme le statuaire Myron, qui, ayant fini une statue de bois représentant Diane, répondit à un admirateur : « Hélas! je n'ai pu faire qu'une bonne femme de bois; mais la première vieille femme qui s'agenouillera devant ma statue en fera une déesse. »

Mais vous faites comme les inventeurs du mouvement perpétuel — qui ne tiennent pas compte des frottements par suite desquels se sont endormies toutes leurs machines au bout de quelques jours. La pratique n'est pas tout à fait conforme à la théorie.

7.

Pour que l'élection soit moralement valable, il faut que le vote n'ait été faussé par aucune fraude, ni par des influences étrangères au but de l'élection.

Pour que le vote des adhérents à un journal soit tel, il faudrait que le journal ne les eût attirés que par l'exhibition franche et nette de ses opinions, de ses idées et de son but.

Il faudrait que celui-ci ne les invitât pas par le bon marché excessif, celui-là par des images, cet autre par l'annonce d'un feuilleton payé cent mille francs.

Cet autre enfin par des primes — c'est-à-dire par l'offre de divers objets dont le prix dépasse de beaucoup celui de l'abonnement.

Ne nous trompons pas sur ce fait que je constate ; je ne blâme pas ces moyens d'attirer les abonnés. Comme négociant, comme marchand, comme entrepreneur d'une affaire, le maître d'un journal qui emploie ces procédés est parfaitement dans son droit ; il n'y a aucune règle de la plus sévère probité qui y puisse trouver à redire ; mais, seulement, les abonnés du journal sont alors des clients, des chalands, des pratiques, et ne sont plus des adhérents, des électeurs.

La signature n'enlève donc à la presse que la partie fictive et usurpée de sa puissance.

Pour ce qui est des individus, de certains journalistes, elle leur enlève de l'autorité. — Mais quels sont ces journalistes?

Qu'un écrivain de talent dont les travaux ont toujours eu pour but la recherche du vrai, du juste et de l'honnête, ajoute son nom à un article exprimant une idée, une opinion, un jugement, l'article y gagne de l'autorité, et l'écrivain de la notoriété. — *Vir bonus dicendi peritus.*

Mais qu'une opinion, une idée, soient défendues avec talent, un jugement porté avec énergie, et qu'on lise, à la fin de la plaidoirie et du jugement : UN TEL — qui, il y a dix ans, — quinze ans, — huit jours, défendait l'opinion contraire et l'idée différente, et dont les antécédents seraient condamnés par le jugement qu'il porte aujourd'hui ; alors l'article n'a plus d'autorité, et l'écrivain, au lieu d'en retirer de l'honneur, n'en retire que du mépris et de la honte. En effet, il serait plus commode de ne pas signer; mais ce n'est pas pour l'écrivain corrompu et vénal que vous demandez de la puissance.

Je n'exige pas, monsieur, que vous changiez votre opinion sur la signature; mais vous me permettrez de garder la mienne.

Je vous assure qu'il est également bien commode de pouvoir dire dans certains cas, comme je le dis aujourd'hui : « Il y a près de trente ans que j'écris; j'ai beaucoup écrit, j'ai été mêlé à tous les débats politiques, philosophiques et littéraires de mon temps, — et on ne trouvera pas une ligne de moi qui ne soit signée de mon nom; — je ne crains ni rapprochements, ni contradictions. »

Une seule question pour en finir sur ce point : « Pourquoi signez-vous vos articles? »

A propos de contradictions, je ne dirai qu'un mot sur une contradiction que vous me reprochez; j'avais dit que, « dans notre jeunesse, nous aimions les beaux livres, les belles amours, les beaux coups de sabre; » vous en tirez la conséquence que j'ai aimé la guerre. C'est que je me serai mal exprimé ; tenez, de Musset est plus clair :

> J'ai fait bien des chansons pour elle,
> Je me suis battu bien souvent...

Ah ! monsieur, vous seriez effrayé de ce que j'ai usé d'encre à prêcher contre la guerre, cette chose ridicule et barbare ; — tenez, je me rappelle ici deux des formules que j'ai trouvées sur ce sujet.

Deux rois jouent ensemble ; leurs sujets sont les quilles, le canon lance la boule.

Au bout d'un certain temps, on fait deux tas de morts ; — celui dont le tas est le moins gros a gagné — il a abattu 4,000 des sujets de l'autre, — qui n'a abattu que 3,990 des siens. — Il se couronne de lauriers, on se réjouit, on illumine, on rend grâce à Dieu — sans se soucier des 3,990 quilles abattues, de leurs parents, de leurs amis.

> ..... Quand on tue un homme, on est infâme ;
> L'orateur du parquet à tue-tête réclame
> Votre tête, et l'obtient, et la foule applaudit.
> Mais tuez les manants, mais brûlez les chaumières,
> Si votre nom au loin comme un glas retentit,

Et si vous décimez des nations entières,
Sur votre piédestal tout formé de ses os,
Le peuple applaudira ; — pour quelques tabatières,
Les rimeurs vous mettront au nombre des héros.

Nous aimions les beaux coups de sabre, cela ne veut pas dire tous les coups de sabre ; — distinguons !

Les Français ont donné de beaux coups de sabre à Orléans en 1429, sur le Rhin en 1796, et à Montmirail en 1814.

Les Suisses ont donné de beaux coups de sabre à Morgarten en 1315 et à Granson en 1476.

Les Piémontais ont donné de beaux coups de sabre à Novarre en 1849.

C'est-à-dire lorsqu'il s'agit de défendre la liberté et l'indépendance.

Pour les autres — pour ceux qui n'ont eu pour but que des palmes et des lauriers — je n'en donne pas un zeste ; — d'autant plus que les années où on moissonne des palmes et des lauriers, on ne moissonne pas de blé et ne récolte pas de raisin.

J'ai dit, des conquérants et de la guerre *pour la gloire :*

« Il est impossible que les soldats n'aient pas plus

à se plaindre du prince pour lequel ils se battent que de celui contre lequel ils se battent. »

Cela expliqué — il reste un point sur lequel je vous prie de me permettre de vous adresser encore quelques mots.

Si je m'amusais à rassembler tous les reproches qu'on peut faire au temps présent, j'établirais facilement qu'il ne vaut rien.

Si vous agissez de même à l'égard de la génération qui précède celle-ci, vous obtiendrez le même résultat contre elle.

Ce sont des causes faciles à plaider, difficiles à juger.

Pour les défauts et les fautes de mes contemporains, hélas! dont j'ai eu et fait ma part :

> *Quæque ipse miserrima vidi*
> *Et quorum pars* parva *fui.*

les Guêpes et leur auteur les ont infatigablement signalés — et n'ont pas marchandé la vérité.

Beaucoup des arbres vénéneux, des *mancenilliers* qui étendent aujourd'hui leur ombrage mortel, ont commencé à germer et à sortir de terre dans notre jeunesse; mais nous n'avons alors ni flatté ni ménagé ceux qui les ont semés et plantés, et nous avons le droit de ne pas ménager ceux qui les cultivent. Je maintiens que le nombre de ceux qui mettaient l'argent au quatrième ou au cinquième rang des intérêts était, il y a vingt ans, plus grand qu'aujourd'hui.

Pour ce qui est de l'accroissement de la richesse dont vous parlez, vous me permettrez de ne pas être d'accord avec vous; peut-être, dans cette immense révolution des voies ferrées, sommes-nous sur le chemin qui y conduit; — peut-être sommes-nous les pionniers de ce chemin; — mais nous ne sommes pas arrivés, et, jusqu'ici, on ne peut raisonnablement constater que l'égalité des dépenses et l'augmentation des besoins; la cherté des denrées, leur falsification et la vente à faux poids; l'abandon des professions libérales pour les métiers aléatoires et le jeu, parce qu'un magistrat, un officier, même arrivés aux plus hauts grades, ne peuvent donner des jupes convenables à leurs femmes et à leurs filles.

Quand je dis *nous,* je ne parle pas de tous ceux qui vivaient en même temps que nous; — quelle responsabilité! — quelle solidarité! — on a tant de peine à répondre de soi et à être d'accord avec soi-même! mais je parle à un certain nombre de gens aujourd'hui épars — et pour lesquels il est consolant de se réunir en groupe; — je parle aux poëtes des deux espèces : à ceux qui font et à ceux qui lisent, aiment et admirent la poésie.

Je les invite à venir avec moi sur une colline ombragée — où, assis sur le gazon épais, nous regarderons ce qui se passe — faisant des vœux et donnant des conseils pour le bien — et médisant du mal.

Je m'adresse à ceux qui ne faisaient pas grand cas de l'argent, et ont continué à le mettre à un rang subalterne — et qui l'ont surabondamment prouvé, ne vous déplaise — je les invite à s'écarter de ceux aux yeux desquels on ne peut être pauvre honorablement, et à venir avec moi se reposer et jaser, au soleil et à l'ombre, de tout ce que nous avons aimé, de ce que nous aimons encore, sauf à descendre parfois de la colline, pour combattre encore dans la plaine ce que nous avons haï et combattu de tout temps — mais en volontaires, et en choisissant le moment et le côté où nous voulons combattre.

Je termine comme j'ai commencé en remerciant sincèrement M. Dameth, que je n'ai jamais vu et auquel maintenant je vais aller serrer la main.

XXI

M. BABINET ET LES FOURMIS.

Voici M. Babinet qui va avoir des chagrins pour avoir babillé sur l'hiver. — Les savants gais de l'Observatoire ne disent plus babiller, mais *babiner*.

Voici un autre savant qui oppose l'opinion des fourmis à M. Babinet. « Elles ont, dit-il, laissé leurs demeures souterraines très-près de la surface du sol; quand les hivers doivent être rigoureux, elles s'enfoncent profondément. »

Je pense que ce signe donné par les fourmis annonce bien plus le temps qu'il fait que le temps qu'il fera.

Je reste dans le doute.

On assure que les habitants de Béziers, qui, comme je l'ai raconté dans un autre chapitre, ne peuvent plus jouer à la poule, engagent des sommes folles les uns pour l'opinion de M. Babinet, les autres pour l'opinion des fourmis. Je l'avais bien dit à M. le maire et à M. le préfet !

XXII

UNE HISTOIRE DE RESPECTABLES PETITES GENS QUI ONT UN GRAND CŒUR.

Voici une petite histoire que vous feriez peut-être aussi bien de ne pas lire si vous êtes avare — parce que vous êtes exposés à ce qu'elle vous coûte quelque chose.

Il y a deux ans, il y avait à Saint-Etienne (tout près de Nice) deux familles : l'une composée d'une vieille femme et de son fils infirme et impotent depuis son enfance, l'autre d'un jeune couple d'ouvriers.

La vieille femme faisait l'école à quelques petits enfants, à raison de un franc par mois, trois liards par jour; — son fils, que sa santé rend incapable de toute fatigue, confectionnait des souliers d'enfant à deux francs la douzaine.

Dans l'autre ménage, le mari était menuisier; la femme avait un petit enfant qu'elle allaitait en se livrant aux soins de la cuisine, des raccommodages, de la lessive, etc.

Ces deux familles étaient devenues amies par le voisinage et un peu par la pauvreté. Tout pauvre que chacun était, il trouvait moyen de rendre des services à l'autre : la jeune femme aidait sa vieille voisine, qui, en retour, lui donnait affectueusement tous les conseils de son expérience. De part et d'autre, la grande difficulté — la terreur perpétuelle — c'était le loyer, le *fit* — pour lequel il fallait une grosse somme, une soixantaine de francs par an. Soixante francs est un édifice très-long à construire quand on doit le construire de sous et de demi-sous.

C'était le sujet ordinaire de leurs conversations, c'était l'ennemi.

Quand ils entendaient parler de quelqu'un de riche, de quelqu'un d'heureux, ils pensaient tout de suite qu'il n'avait pas de loyer à payer.

Pour eux, ne pas payer de loyer, c'était le bonheur — c'était le rêve — c'était la chimère.

La vieille maîtresse d'école portait ses doléances et ses prières aux pieds d'une Vierge de bois sculpté qui est depuis longtemps dans sa famille et qui est le seul reste de sa fortune passée; car elle a été autrefois marchande, elle a été boulangère, et s'est ruinée en faisant trop de crédit aux pauvres gens.

Qui donne aux pauvres prête à Dieu!

a dit le grand poëte Hugo.

« Dieu paye, mais il ne paye pas tous les samedis, » dit un vieux proverbe.

Là est toute l'histoire de la maîtresse d'école, elle est créancière de Dieu.

Elle avait accoutumé la femme du menuisier à la dévotion envers sa Vierge de bois — devant laquelle, chaque samedi, elle n'a jamais manqué d'allumer une lampe; — quand on était trop pauvre, on prenait pour la lampe l'huile destinée à la soupe.

Grâce à cette Vierge de bois et à la dévotion qu'on avait pour elle, l'espérance dorait la misère des deux ménages.

Un jour, la jeune femme fit un héritage — quatre cent cinquante francs ! — elle n'eut alors qu'une pensée, ne plus payer de loyer. Il se trouvait auprès d'eux un petit terrain tout entouré de planches et renfermant une source et deux oliviers. Le propriétaire en voulait sept cents francs; il fallait emprunter trois cents francs; le notaire trouva la somme pour le menuisier.

La jeune femme courut alors embrasser la vieille maîtresse d'école, et lui dit :

— Et vous aussi, bonne mère, vous aurez une maison et vous n'aurez plus de loyer à payer; laissez-nous le temps, et tout ira bien.

Les voilà donc avec un terrain — et trois cents francs à payer; — mais ça ne s'appelait plus loyer et ça ne les effrayait pas. On travaille deux heures de plus le matin et le soir, on travaille le dimanche, en priant la Vierge de bois d'en obtenir le pardon — intercession facile.

Il s'agit de bâtir la maison ; on prend les planches qui entouraient la propriété, on la met sous la garde de la Providence ; la maison se construit ; — elle est mal fermée, médiocrement ouverte ; — il n'y a pas de cheminée, on fait la cuisine en plein air ; mais on ne paye plus de loyer, on est chez soi, à l'ombre de ses oliviers ; on boit l'eau de son puits, on est heureux. Sauf un point : — il fallait faire une place dans ce bonheur à la maîtresse d'école et à son fils ; eux sont encore la proie du monstre, du loyer féroce ; il leur faut une maison. On regardait le terrain, on soupirait, et on disait :

— Ça sera là.

La vieille répondait :

— Soyez tranquilles, la Vierge y pourvoira.

— Et, chaque samedi, on allumait dévotement la lampe.

Un jour, un étranger voit le pauvre infirme qui se traînait avec peine ; il cause avec lui, s'intéresse à son sort.

— Vous devez être bien malheureux?

— Je ne le serais plus si j'avais une maison pour ma mère et pour moi.

— Une maison? Mais c'est cher, une maison.

— Avec soixante francs, j'en verrais la fin.

L'étranger donne les soixante francs.

Le menuisier se met alors à l'œuvre; il achète des planches et des clous; il travaille la moitié des nuits et tous les dimanches; trois mois après, il a construit pour ses vieux amis une maison de deux étages, une chambre par étage.

Quelle fête pour le jeune ménage quand il installa ses amis!

— Nous sommes voisins! nous sommes chez nous! plus de loyer à payer! nous sommes heureux! Dieu a payé sa dette.

Ce n'est qu'au bout de longtemps que l'on s'aperçoit qu'il manque quelque chose au bonheur : la maison de bois est, pendant l'hiver, bien froide pour une femme de quatre-vingts ans et pour son fils infirme; celle du menuisier est malsaine : le lit est sur la terre; les enfants, il y en a deux maintenant, y sont quelquefois malades. Le rêve des deux ménages est d'avoir une maison en pierre. La jeune femme dit :

— La maison se fera; j'ai toujours eu du bonheur!

La vieille prie la Vierge de bois.

Le menuisier, lui, a sa manière de prier. — Il thésaurise des pierres et du sable, il les ramasse et les apporte aux tas; on le rencontre quelquefois loin de chez lui, avec une pierre sur l'épaule.

Le plan de la maison est fait : il y aura deux étages et deux chambres à chaque étage — un étage pour chaque ménage, — de cette façon on économisera un toit, et les toits coûtent très-cher.

Mais quand tout cela pourra-t-il se faire?

Une voisine de ces deux familles intéressantes a décidé que ce serait bientôt; elle est venue me raconter ce que je viens de dire exactement comme elle me l'a raconté; elle va faire une loterie dont le résultat, elle l'espère, comblera les vœux des deux ménages.

8

XXIII.

LA SCIENCE. — LES SAVANTS. — M. L'ABBÉ MOIGNO.

C'est une terrible chose que les mots mal faits!

Ce qu'ils entraînent d'idées fausses est incalculable.

— Je n'ai pas besoin d'expliquer ce que les idées fausses amènent d'actes ridicules, injustes, sauvages, oppressifs, etc.

Il est fâcheux que les grammairiens, en général, manquent d'esprit — et, la plupart du temps, soient des écrivains *fruits secs* qui sont restés à la grammaire faute de pouvoir s'élever plus haut.

Rien n'est si intéressant que les remarques grammaticales faites par Voltaire sur Pierre Corneille.

Malheureusement, la littérature d'un pays comme la France, où elle a tant d'influence, est divisée en deux familles :

L'une vivante, conduisant les esprits, réformant ou

déformant les mœurs; l'autre empaillée, embaumée, si vous voulez être plus poli, mais parfaitement morte.

C'est à la littérature morte qu'est dévolu le droit exclusif d'enseigner la jeunesse.

J'avais eu plusieurs fois occasion de causer sur ce sujet avec le comte de Salvandy, qui a été, sous Louis-Philippe, ministre de l'instruction publique.

C'est pour lui et pour confirmer une de mes plaidoiries que je publiai dans le temps un petit travail sous ce titre. « Quelques unes des fautes de français enseignées à la jeunesse des universités, avec privilége exclusif, par MM. Noël et Chapsal. »

Je constatais que ces deux messieurs — avec leur grammaire et un *cours de littérature* composé avec des ciseaux — s'étaient faits à chacun une trentaine de mille francs de rente — tandis que tant d'hommes de talent végétaient misérablement.

Nous en étions arrivés à conclure : qu'il serait bien utile que les maîtres de la littérature vivante, les maîtres des esprits fussent aussi les maîtres chargés d'instruire la jeunesse;

Que tous les ouvrages dits classiques et élémentaires avaient besoin d'être refaits; qu'il fallait en enlever le privilége aux pions pour le donner aux écrivains, et, au besoin, les mettre au concours; que l'Académie manquait à son devoir et à la condition raisonnable de son existence en ne publiant pas un journal mensuel rendant un compte raisonné de tout ce qui avait paru dans le mois, abstention qui laisse la critique aux mains des débutants et des écrivains béjaunes de la presse.

Ma colère contre les mots mal faits vient du mot **savant**.

C'est à ce mot qu'il faut attribuer en grande partie les erreurs, les billevesées, les quiproquos de la science.

Est-il un mot plus biscornu!

Je sais — nous savons — je sus — sachons — que je susse — savoir — sachant — su, etc.

Autrefois, on l'écrivait sçavoir; on le faisait dériver du latin *scire* — *scio* — *sciens* — *scivi*.

Il est venu un jour où les grammairiens ont retranché le *c* — pour deux raisons :

La première, qui est absurde, est que « cette lettre est inutile parce qu'elle n'influe en rien sur le son de la syllabe. » Pourquoi alors ne pas supprimer le *t* de sachant, une des deux *m* à grammairien et à sens commun, et ne pas arriver franchement à l'ortograf de mosieu Marl.

La seconde est qu'elle ne peut servir à rappeler l'étymologie latine parce que *savoir* ne vient pas de *scire*, mais de *sapere*. Ce qui n'est pas moins absurde — mille pardons de le démontrer.

Voici le raisonnement dont s'appuie cette théorie des grammairiens modernes :

« Il est impossible d'admettre que l'infinitif latin *scire* ait donné l'infinitif français *savoir*. »

Mais tout aussi possible que d'admettre que *sapiens* et *sapere* aient donné *sachant* — que je *sache* — que nous *sachions*.

Il est évident que ceux qui ont écrit longtemps sçavoir — ne le faisaient que parce qu'ils tiraient l'étymologie de *scire*.

Vous ôtez le signe de cette étymologie — et ensuite vous établissez que cette étymologie n'existe pas

— parce qu'elle n'est pas indiquée par le signe que vous avez enlevé.

La vérité est que *scire* et *sapere*, dans certains cas, étaient employés par les Latins dans le même sens.

Qui sibi semitam non sapiunt, alteri monstrant viam. (Cicéron.)

Et qu'on a fait un mélange de tous les deux dans notre verbe *savoir* — en y ajoutant je ne sais quoi — pour former *sachant* — que je *sache*, etc.

Sans parler de cette mauvaise locution conservée par les grammairiens — où le subjonctif est employé comme indicatif : *Je ne sache pas que*, etc.

Je sais bien que les étymologistes ne sont jamais embarrassés, et que Ménage leur maître à tous a fait venir *laquais* de *vernacula* ; — un autre, *alfana* d'*equus*, etc.

Savant — c'est là que j'en veux venir — *savant* est le participe présent logique du verbe *savoir* remplacé, Dieu sait pourquoi, par *sachant*. Savant veut donc dire — *sachant* — qui *sait*.

Je comprends qu'un ignorant, pour peu qu'il soit un peu absurde, s'intitule *savant* ; en effet, quand il a appris à peu près, sur certains points, ce qu'on savait à une époque déterminée, il est décidé à s'en tenir là ; — il est *sachant*.

Mais l'autre, celui qui a consacré sa vie et son intelligence à l'étude, à la recherche des phénomènes et des secrets de la nature, — celui-là est un *étudiant*, un *cherchant*.

Je sais bien que les grammairiens vous disent, pour établir l'étymologie de *sapere*, que « la sagesse, le bon sens, le jugement sont l'attribut du savant (Girault-Duvivier) ; » ce qui reste à prouver.

Une fois s'intitulant *savant* et *sachant*, on ne veut pas dire : « Je ne sais pas, » car alors on ne serait pas *sachant*; — de là les théories, les hypothèses, — les erreurs soutenues avec férocité.

Il aurait fallu, pour cette classe de gens, un mot qui fût à la science ce que *philosophe*, ami de la sagesse, est à sage; — quelque chose comme *philomathe* — ami des sciences.

Certes, il n'est pas d'occupation plus noble, plus élevée pour l'esprit humain que la recherche des secrets de la nature.

Si l'on en excepte cependant celle du poëte qui regarde — qui contemple — qui admire — et celle du bonhomme qui attend une autre vie pour contempler Dieu face à face, — c'est-à-dire pour voir tous ces mystères comme dans un livre ouvert.

La science n'est pas un cercle ni un local fermé.

C'est une route dont l'esprit humain ne sait et ne saura jamais ni le point de départ ni la fin.

Et, malheureusement, les savants ont une funeste tendance à tracer un rond autour de ce qu'ils savent ou croient savoir et à dire : « Voilà la *science*. » S'ils s'appelaient les *chercheurs*, les *pionniers*; s'ils avaient un nom qui exprimât réellement ce qu'ils doivent être et ce qu'ils peuvent être, ils seraient moins exposés à se tromper sur eux-mêmes.

Ils ne se mesureraient pas à l'ignorance de la foule, mais à l'immensité de la nature, et ils seraient alors plus modestes.

La fin et le commencement nous sont également cachés et nous le seront toujours par la volonté évidente de Dieu,

> Qui s'est logé très-haut, et qui ne nous permet
> Que des opinions — gardant pour lui le vrai.

L'autre jour, un homme me demandait à brûle-pourpoint :

— Que pensez-vous de l'âme ?

Je lui répondis, ce qui est vrai :

— Mon cher monsieur, comme je ne veux pas devenir fou, je ne me permets de penser à cela qu'une fois par an, et j'y ai pensé hier.

Combien de fois — seulement pendant le cours rapide de notre existence, n'avons-nous pas vu la même théorie être successivement et tour à tour paradoxe, vérité démontrée, routine absurde.

La théorie des atomes d'Épicure — qui prétend que des atomes se rencontrent, s'accrochent et forment un arbre, un chameau, un oignon — a été admise et abandonnée il y a bien longtemps. — Virgile, près de trois cents ans plus tard, croyait à la génération spontanée.

Aristée immole quatre taureaux et quatre génisses ; neuf jours après, des essaims d'abeilles naissent de la putréfaction des victimes.

Liquefacta boum per viscera toto
Stridere apes utero.

A propos des abeilles, j'ai raconté ailleurs (*Voyage autour de mon jardin*) les erreurs qui étaient à ce sujet la science du temps de Virgile.

Voici qu'aujourd'hui, à l'Académie des sciences, M. Pouchet, membre de cette docte assemblée, développe sa « théorie positive de l'ovulation spontanée. »

MM. Milne Edwards, Payen, de Quatrefages, Claude Bernard et Dumas font des objections.

M. l'abbé Moigno, rédacteur du *Cosmos*, traite la nouvelle théorie sans aucun ménagement.

Je ne suis pas fâché de retrouver ici l'abbé Moigno — et de le trouver incrédule; — nous allons tout à l'heure causer un peu avec lui.

M. Pouchet admet *l'existence d'une force organisatrice initiale;* il a l'extrême bonté d'ajouter que, quant à cette force, il ne sait absolument ce que c'est.

— Molière était précisément aussi avancé lorsqu'il disait : « Pourquoi l'opium fait-il dormir? »

— *Domandabo rationem quare*
Opium facit dormire
— *Quia est in eo*
Virtus dormitiva.

Parce qu'il a une *force* (organisatrice initiale) dormitive.

La nouvelle théorie s'appelle l'*hétérogénie ;* — cela est armé de toutes pièces pour combattre la théorie actuellement très-répandue de la *panspermie,* qui nous montre l'eau et les corps putrescibles remplis de germes végétaux et animaux.

L'une et l'autre, la *panspermie* et l'hétérogénie, se disent non pas une *science* — mais la *science.*

Inde iræ.

De là du *bacchanal.*

Atomisme — panspermisme — hétérogénie.

Choisissez.

M. Pouchet, du reste, et M. Milne Edwards sont d'accord sur un point avec Molière :

Virtus dormitiva — Molière.

Force organisatrice initiale — M. Pouchet.

Puissance vitale — M. Milne Edwards.

Et Jean-Alphonse Karr, s'il lui est permis de donner son opinion, appellera à son tour la chose en question — tout simplement :

X — ou le bon Dieu.

Et voilà le diable!

C'est que c'est là le commencement et la fin — alpha et oméga.

L'homme est dans la vie comme s'il était en mer, à cent lieues de toute terre; à quelques lieues autour de lui, il n'y a que de l'eau, du ciel et du brouillard; dans le cercle que son œil peut parcourir, il étudie, il voit, il comprend certaines choses — et il appelle cela *la science*.

Avant l'invention du microscope, on croyait connaître la nature animée; on s'étonnait des petites choses et des petits êtres, et on disait : « C'est surtout dans les petites choses que Dieu est grand! » *Maximus in minimis Deus!*

Idée provenant de ce que les hommes font toujours Dieu à leur image, tout en prétendant le contraire, — ce qui serait déjà assez impertinent — et trouvent plus difficile pour Dieu ce qui serait plus difficile pour leurs gros doigts.

L'invention du microscope a singulièrement élargi le cercle des végétaux et des animaux; on a circonscrit ce nouveau rond et on a dit : « Voilà la *science*. »

Les machines se sont perfectionnées, et on a fait de nouvelles lignes et de nouveaux cercles.

Elles se perfectionneront encore, et on fera de même.

Une seule découverte — l'électricité — change la face de la science et la reconstruit de fond en comble.

Puis supposez que l'homme et son génie aillent toujours en progressant; dans cent mille ans d'ici, le cercle de ses connaissances se sera fort étendu, et il n'aura pas plus de raison qu'aujourd'hui de dire : « Voilà la science; — je suis *sachant* ou *savant*. »

Pas plus qu'aujourd'hui, pas plus qu'autrefois la nature (Réaumur), la Providence (Fénelon), la puissance vitale (Milne Edwards), *virtus dormitiva* (Molière), la force organisatrice (Pouchet), X (Bezout), le bon Dieu (J.-A. K.) ne se croira obligé de borner les créations à ce que l'homme peut savoir, pas plus que le monde à son horizon.

Je ne nie pas, je n'attaque pas la science, — ô messieurs les *savants!* — surtout l'amour, la recherche de la science, la contemplation de la nature, la méditation et la rêverie qui en sont la suite; c'est vous qui faites comme les mauvais prêtres, qui prétendent toujours qu'on attaque Dieu et la religion quand on leur reproche leurs méfaits, et lorsque, au contraire, on défend contre eux Dieu et la religion.

Je ne me plains que de ceci : — vous vous appelez savants et non chercheurs; de là vos erreurs et vos bouffées d'*intolérance*.

A part cela, votre métier est le plus beau, le plus noble, le plus heureux — à condition que vous direz une fois par jour : « Je ne sais pas. »

Nous parlerons un autre jour de la lune ; — la lune revient fort à la mode.

On sait dans quel discrédit la pauvre planète était tombée ; on ne lui accordait même plus les malignes et malsaines influences que nos aïeux lui attribuaient. Fourier l'avait déclarée planète malade, moribonde, faisandée.

Il se prépare en ce moment une éclatante restauration de la lune.

Mais j'ai assez parlé aujourd'hui de ces choses-là.

Il ne me reste qu'à causer un moment avec M. l'abbé Moigno, rédacteur en chef du *Cosmos*.

Je vous ai connu plus facile à contenter, monsieur l'abbé.

Vous souvient-il d'un certain jardin qui fut, il y a quelques années, établi à Paris sur le boulevard des Italiens?

Vous écriviez alors des articles scientifiques dans un journal, et je lisais ces articles pour mon instruction.

Il arriva qu'un jour vous racontâtes que « un homme s'était trouvé d'une profondeur d'esprit incroyable » qui avait fait une découverte de la plus haute importance pour l'agriculture et l'horticulture. Cet homme, au moyen d'une poudre, faisait épanouir les boutons d'un rosier, d'un camellia, etc., en cinq minutes. — Cette accélération de la végétation pourrait sans aucun doute s'appliquer à la maturation des fruits, etc. — C'était une découverte de premier ordre, un bienfait dont les résultats seraient immenses. M. l'abbé Moigno avait vu les expériences de ses propres yeux! des yeux accoutumés à scruter les secrets de la nature, à éplucher les phénomènes, etc.

Surpris, comme on le comprend facilement, je me

mis immédiatement en route ; je demeurais alors à soixante lieues de Paris.

J'arrive au boulevard des Italiens et je suis introduit dans une serre — avec quelques personnes : une barrière séparait les spectateurs d'une trentaine de plantes de diverses espèces. — J'avais dans ma poche l'article de M. Moigno ; quelques-uns des autres spectateurs l'avaient à la main.

Le maître du jardin commence les expériences ; il prend une grande cloche de verre et la pose sur un rosier qui ne montrait que quelques boutons peu avancés.

Il met sous la cloche une pincée de poudre rougeâtre de laquelle il approche une allumette en soulevant un instant la verrine. — Une épaisse vapeur remplit la cloche ; on tire les montres ; au bout de cinq minutes, le jardinier lève sa cloche : trois roses sont épanouies sur l'arbuste. Stupéfaction, admiration ! bravo, le jardinier ! bravo, l'abbé !

Même expérience sur un camellia — même succès, ainsi que sur deux ou trois autres plantes.

Discours du savant, qui annonce le prix de la

poudre merveilleuse ; quelques personnes en achètent. On s'en va, je reste.

Et je dis au bienfaiteur de l'agriculture :

— Excusez-moi, si je reste ; je voudrais avoir avec vous, dans votre intérêt et dans celui de l'agriculture, un entretien de dix minutes ; je suis jardinier et quelque peu journaliste. Si votre découverte est réelle, je vous promets une publicité qui ne s'arrêtera pas.

— Monsieur, me répondit le nouveau Triptolème, vous avez assisté aux expériences, et le témoignage de M. l'abbé Moigno...

— Du savant abbé Moigno, interrompis-je ; j'ai l'article dans ma poche.

— Vous devez alors, par ce témoignage irréfutable et par vos propres yeux, être suffisamment convaincu.

— Hélas ! mon cher monsieur, c'est que mes yeux ne sont pas d'accord avec le témoignage du savant abbé Moigno.

— Monsieur est difficile.

— Ecoutez — si votre découverte est réelle, elle

est, en effet, importante pour l'agriculture, et alors vous ne devez pas redouter les expériences.

— J'ai prouvé que je ne les redoutais pas en demandant l'examen d'un savant comme M. l'abbé Moigno.

— En jardinage, je suis plus savant que l'abbé Moigno; mon témoignage n'est pas à dédaigner.

— Que voulez-vous? voulez-vous encore une expérience?

— Oui; mais c'est moi qui désignerai la plante.

— Impossible : elles subissent quelques préparations.

— Voulez-vous me permettre d'entrer dans l'enceinte où vous êtes et d'examiner de près la plante que vous choisirez?

— Si monsieur est venu ici pour me chicaner..., dit Triptolème.

— Pas précisément — je vais vous dire pourquoi je suis venu. Depuis quelque temps, on a préconisé et surtout vendu des bienfaits pour l'agriculture, le *chou colossal*, l'*orgueil de la Chine*, des *engrais miraculeux*, etc. — On en a acheté beaucoup; c'étaient autant de duperies et de vols; — cela a mis les esprits en garde contre toute innovation et tout progrès, et réhabilité la routine — deux effets désastreux. Si votre découverte était sérieuse, il faudrait la protéger et la garantir de toutes les façons. Si c'est, au contraire, une espèce de tour de gobelets, comme je le pense...

— Monsieur, est-ce que, par hasard... ?

— Ne vous fâchez pas, Triptolème; vous allez voir que je suis très-bienveillant pour vous. Si c'est un tour de gobelets — comme je le pense et comme je vais vous le prouver — annoncez-le comme tel et je vous aiderai à l'annoncer — après vous avoir donné les moyens de le perfectionner; — car, entre nous, ça n'est pas bien fait.

— Monsieur, je m'en réfère à l'opinion du savant abbé Moigno.

— Priez le savant abbé Moigno de se rencontrer ici avec moi; peut-être me convaincra-t-il.

— L'abbé Moigno n'est pas un homme qu'on ose déranger comme cela.

— Je pense qu'il se dérangera pour soutenir une

opinion que je me suis dérangé pour venir controverser. — Votre tour, Triptolème, n'est pas bien fait, parce que, pendant que le bouton de votre fleur est soumis à une activité de végétation merveilleuse qui, en cinq minutes, le change en fleur, les boutons voisins ni les feuilles — renfermés cependant sous la même cloche — n'ont nullement progressé; il vous serait facile d'arranger cela par le même procédé.

— Monsieur, dit Triptolème, vous m'ennuyez.

— Encore un mot, et j'ai fini. Voulez-vous annoncer vos expériences comme un tour amusant? Je l'annonce comme tel et je garde le secret sur le procédé.

— Non, monsieur; l'opinion du savant abbé Moigno suffit pour établir l'utilité pratique de ma découverte.

— Mais alors, je ne puis laisser tromper une fois de plus les horticulteurs et les agriculteurs.

— Comme vous voudrez, dit Triptolème en me reconduisant un peu avant que j'eusse manifesté l'intention de m'en aller.

Ainsi mis à la porte, je dévoilai le secret. Il était simple : des fleurs épanouies étaient cachées à l'avance entre des feuilles agglutinées, la vapeur faisait fondre la cire ou la composition quelconque qui tenait les feuilles en forme de boîte, et la fleur, mise en liberté, paraissait aux regards surpris.

J'indiquai, en outre, tout ce qui m'avait fait voir la fraude, qui était grossièrement faite et, si elle trompait un savant, ne pouvait tromper un jardinier.

Je fis en même temps trois autres découvertes :

C'est qu'il y a des choses que les savants ne savent pas ;

C'est que cela ne les empêche pas de prononcer sans appel ;

C'est qu'ils ont raison de parler surtout des choses que leurs auditeurs ne savent pas.

Voilà tout ce que je dirai aujourd'hui sur ce sujet.

Après avoir répété que j'aime la science, mais que je ne crois qu'à l'étude — et à la recherche ; que j'aime et que j'estime les savants — les vrais, ceux qui ne savent pas tout — et qui permettent qu'on les appelle des chercheurs ; — ceux-là, je leur dois une grande reconnaissance et la plus grande partie de la plus noble partie de mes plaisirs.

Seulement, je ne crois à un savant que lorsque je lui ai entendu dire trois fois : « Je doute » et deux fois : « Je ne sais pas. »

La science se prouve pour moi par ses limites comme le pouvoir légitime; cela est si vrai dans le second cas, que les plus cruels et les plus absolus tyrans font semblant d'en avoir.

LE DICTIONNAIRE DES CONTEMPORAINS.

Un livre a paru récemment qui a excité beaucoup de curiosité — et beaucoup de rumeur. Je veux parler du *Dictionnaire des Contemporains* de M. Vapereau. Ce livre, exécuté consciencieusement, venait à propos après la publication de certains libelles méprisables et méprisés qui n'avaient de la biographie que le nom, et faisaient de tous les talents et de toutes les renommées de ce temps-ci un tas de vauriens et de sacripants.

Cet énorme livre — je parle du livre de M. Vapereau — n'a pas autant satisfait la malignité du public, qui aime à rapetisser, à salir, à déshonorer ceux qui lui donnent la joie des yeux, des oreilles et de l'esprit.

Mais il fixe utilement certains points de l'histoire contemporaine. Naturellement, chacun a cherché d'abord son nom, puis celui de ses amis. Tout le monde, par un phénomène singulier, a trouvé son article sévère, et ceux des autres trop louangeurs.

Les plus fâchés auraient été ceux qu'on a oubliés — s'il n'y avait pas ceux qu'on n'a pas admis. — N'être pas même contemporain de ceux qui sont nos contemporains !

Il y a, malgré les oublis et les omissions, une jolie montagne de célébrités.

Il y a des gens qui aujourd'hui mettent sur leur carte :

M. ARTHUR ***, *contemporain.*

Naturellement, cet ouvrage, d'une exécution presque impossible, fourmille d'erreurs.

Mais l'auteur et les éditeurs ont compris que la première édition n'était qu'une *épreuve* à corriger.

Ils ont accepté loyalement la situation.

On envoie à chaque contemporain son article collé sur un papier à grande marge, en le priant de faire les rectifications.

C'est honnête, mais ce n'est pas prudent.

Je donnerai pour exemple la copie d'un de ces articles ainsi corrigés par un des contemporains en question.

RÉCLAMATIONS DE BARBANCHU, BARON DE TRÉBIZONDE.

« ERNEST BARBANCHU (DIT BARON DE TRÉBIZONDE).

« Cet écrivain est né à Paris, rue Godot, n° 7, le 14 mai 1813. Il a collaboré à *la Casquette de loutre*, journal des chapeliers. Il aurait été rédacteur du *Tripoli*, si ce journal avait paru. Il a, dit-on, en portefeuille le projet d'une tragédie en quatre actes, et il a fait les quatre premiers vers d'un poëme épique dont on ignore le sujet. »

CORRECTIONS.

« D'abord, je suis le baron Ernest Barbanchu de Trébizonde. — Je vous envoie un chariot chargé de mes pièces, que vous voudrez bien faire imprimer avec mon arbre généalogique; il m'est impossible de vous faire grâce d'une seule ligne.

« Je suis né, non pas au n° 7, mais au n° 7 *bis* de la rue Godot; il est odieux que de pareilles inexactitudes se commettent dans un ouvrage qui s'annonce comme sérieux. Je suis né le 14 mai, si vous voulez, mais à minuit passé; cela valait, je crois, la peine d'être dit; — dites-le.

« Il aurait été bon également de ne pas traiter aussi sèchement ma collaboration à *la Casquette de loutre*. Ci-jointe la liste de mes articles, que vous voudrez bien insérer.

« Si *le Tripoli* n'a pu paraître, c'est à l'aveuglement, et à la haine du gouvernement de M. Guizot pour ma personne qu'il faut en demander la cause.

« Certes, si l'on avait écouté les conseils que *le Tripoli* aurait donnés s'il eût existé, nous n'aurions eu ni la République, ni l'Empire ; et Louis-Philippe serait encore sur le trône. (Suit un article sur la politique intérieure et sur la politique étrangère qui est resté manuscrit; je vous prie et, au besoin, vous requiers de lui donner place dans votre nouvelle édition.)

« Il y a dans la mention de ma tragédie en portefeuille une intention ironique que je n'accepte pas.

« Ma tragédie n'est pas en quatre actes : — au contraire, elle est en sept ; — ce n'est pas un simple projet, comme vous semblez l'insinuer avec malveillance. (Ci-jointe la tragédie, que vous m'obligerez d'ajouter à mon article.)

« Mon poëme épique n'existe qu'en fragments dont je veux bien ne vous envoyer que le dernier.

« Vous avez passé légèrement sur mes premières années; — il faut compléter cette lacune. Ma nourrice était rousse et avait beaucoup de lait. J'ai été sevré à treize mois. J'ai fait ma première dent à un an et demi; ce fut l'occasion d'une petite fête (suivent les détails de la fête).

« J'ai fait ma première communion à l'église de

Saint-Germain-l'Auxerrois; mes parents demeuraient alors rue du Coq-Saint-Honoré, 23, et non pas 24, comme l'a dit une autre biographie qui n'est pas encore imprimée.

« Je possède de grandes vertus — pas un vice — quelques défauts; je suis trop franc, trop généreux, trop désintéressé, trop intrépide.

« Ma prose rappelle celle de Voltaire, saupoudrée de Beaumarchais; mes vers sont de l'école, non pas d'Hugo comme le prétend Falempin, mais de celle de Byron, avec lequel je ne suis pas sans ressemblance si l'on veut y joindre un peu du goût et de la pureté de Racine. — J'ai eu énormément de bonnes fortunes; j'aurais eu des duels nombreux si on avait osé affronter *mon épée,* que je compte acheter plus tard.

« Vous m'obligerez, pendant que j'y pense, d'ajouter à l'article de Falempin qu'il est un polisson d'avoir voulu insinuer que j'imite Victor Hugo.

« Je joins la note des frais de copie que m'ont coûté le redressement de vos inexactitudes; cela ne peut être à ma charge. Ci — 260 francs.

« Vous voudrez bien joindre, en remboursement de ces frais, deux exemplaires de la nouvelle édition des *Contemporains;* ma collaboration m'y donne des droits incontestables.

« Votre serviteur,

« Baron Ernest Barbanchu de Trébizonde. »

LE ROLE DES ASSISES.

Voici le texte d'une circulaire ministérielle relative à la publicité donnée aux rôles des assises :

« MM. les préfets sont priés d'inviter les journaux de leur département à ne plus reproduire le rôle des assises, ce sommaire de crimes, viols et assassinats ainsi groupés étant de nature à présenter sous un faux jour la situation morale du pays. »

Je comprends cette sollicitude pour la vérité; en effet, les crimes sont éparpillés sur toute la surface de la France, tandis que la répression et les assises les réunissent sur un seul point.

J'ai sous les yeux un de ces rôles que j'avais mis

de côté précisément pour en tirer certaines inductions, et pour rechercher, autant que possible, les causes de certains crimes monstrueux dont la fréquence paraît augmenter; par exemple, les attentats à la pudeur sur des filles impubères. Il y en a onze dans le rôle des assises de la Seine publié par le journal *le Droit* du 17 novembre dernier.

Autant je suis ennemi des grandes phrases hypocrites contre l'amour, autant je traduis volontiers devant les assises du ridicule certains magistrats qui se croient obligés de prendre des airs dégoûtés et d'employer des synonymes dédaigneux pour parler du plus noble sentiment qu'il soit donné à l'homme de concevoir.

Autant je m'exprime avec respect sur l'amour quand l'homme ne l'exige pas, et quand la femme ne le vend pas.

Autant aussi j'ai une profonde horreur pour le genre de crime dont je parle — et je le classe parmi ceux qui doivent être réprimés le plus sévèrement.

On se tromperait si, de ce qu'on apprend un plus grand nombre qu'autrefois de crimes de toute nature, on en inférait rigoureusement que l'espèce humaine va se détériorant. Il faut admettre aussi cette circonstance qu'il y a, grâce à la presse, beaucoup moins de crimes cachés qu'autrefois.

Mais l'auteur de la circulaire aux préfets, pour être conséquent, va-t-il, par une autre circulaire, défendre de publier les actes de vertu et de courage? Par exemple, ces notes sur les objets perdus et restitués que l'on reçoit presque hebdomadairement de la préfecture de police — et dont je trouve précisément une dans le même journal auquel j'emprunte la circulaire.

Une douzaine d'objets plus ou moins précieux ont été rendus par des gens plus ou moins pauvres qui les avaient trouvés.

Supprimera-t-on également la liste des médailles données pour des actes de courage et de dévouement héroïque? craindra-t-on de réunir sur un point donné trop d'honnêtes gens comme on craint d'y rassembler trop de coquins? Ce serait triste.

Cependant, si, d'une part, on maintient ces *rôles de la vertu* — en supprimant les *rôles du crime* — il arrivera en sens inverse précisément ce que redoute l'auteur de la circulaire.

Cela *présentera sous un faux jour la situation morale du pays.*

La philosophie et la morale, se croyant en pleine Arcadie au sein d'une société d'hommes vertueux, s'endormiront dans une trompeuse sécurité; — et il arrivera ce que Salomon considère comme un grand malheur pour une nation : « Les philosophes et les sages feront des énigmes et devineront des charades. »

Si j'avais à donner un avis sur ce sujet, voici quel serait cet avis :

La publicité a souvent de graves inconvénients; mais c'est surtout lorsqu'elle est incomplète. — Que Diogène malveillant, sa lanterne à la main, choisisse exclusivement pour éclairer leur visage les hommes tombés ivres au coin des bornes; que la publicité soit restreinte et appliquée par la discrétion incertaine et les intérêts de quelques personnes, elle sera tout à fait un mal; mais qu'elle ne soit plus la lanterne bavarde de Diogène ou la lanterne sourde du brigand armé; qu'elle soit la lumière, qu'elle éclaire à la façon du soleil; en même temps que l'homme tombé ivre au coin d'une borne, elle montrera l'ouvrier sobre qui le ramasse et le porte chez lui; en même temps que la femme qui erre d'une démarche provoquante devant le bouge où elle veut attirer des victimes, elle fera voir l'ouvrière honnête et laborieuse dont la lampe éclaire la mansarde à l'heure où la grande ville est endormie, et brille dans la nuit comme l'étoile du travail et de la vertu.

J'aurais conseillé de faire toujours suivre le rôle des assises, du rôle des actes honnêtes.

J'aurais mis à les rechercher l'activité que l'on met à la recherche des autres.

Sans cela, « on verra sous un faux jour la situation morale du pays. »

La société sera fardée et non guérie

L'HOMME DE LETTRES MANGE.

> Au Parnasse la misère
> Longtemps a régné, dit-on.

Un bruit s'était répandu que la gent littéraire se composait de va-nu-pieds et de meurt-de-faim; on savait par cœur le martyrologe des poëtes morts de misère.

> Pégase est un cheval qui porte
> Les grands hommes à l'hôpital.

Aujourd'hui, il paraît que c'est tout à fait changé : que la poésie est devenue un bon métier — pour ceux qui en font un métier — et que les poëtes et les écrivains dînent assez souvent.

Cependant voyez l'empire des préjugés : c'est en vain qu'on cite les fortunes de Scribe et de deux cents autres vaudevillistes à la suite, — celles de M. de Girardin et de quelques autres journalistes, — la ruine de Dumas, qui peut compter pour plusieurs fortunes, etc.

Si un *homme de lettres* demandait la fille de certains bourgeois ou de certains marchands, on lui dirait encore : « Monsieur, ayez un état. » Un préjugé est comme une pierre jetée au milieu d'un bassin : elle produit un cercle qui va s'élargissant jusqu'aux extrémités. La vérité a la prétention d'être une lumière ; mais, pour triompher du préjugé, il faut qu'elle se fasse pierre aussi et qu'elle fasse son rond comme le préjugé et derrière lui.

On ne saurait donc trop louer certains journaux d'abord à Paris, puis ensuite en province, qui ont pris un excellent moyen de modifier au sujet du sort de la littérature des opinions depuis longtemps acceptées.

Quand les rédacteurs dînent, ils le font savoir à l'univers ; ils disent les noms de ceux qui ont dîné, avec leurs signalements, leur place à table — avec la date précise de la solennité.

Ils publient ce qu'on a mangé et ce qu'on a bu — avec toutes les preuves et les pièces à l'appui — le nom et l'adresse du cabaret théâtre des agapes et le prix de l'écot.

A ce train-là, la réputation de meurt-de-faim appliquée aux gens de lettres va bientôt être mise au rang des réputations usurpées; restera celle de va-nu-pieds, qui cédera facilement à une publicité suffisante donnée à quelques quittances de bottiers.

Il y a bien un peu de fanfaronnade dans les dîners ainsi publiés; mais, quand il y aura quelque temps que l'on dînera, on deviendra moins solennel, à mesure que cela cessera d'être une fête pour devenir une habitude.

Il est curieux de voir le chemin qu'a fait le journalisme depuis vingt-cinq ans.

Il semble qu'on marche aujourd'hui sur une route assez facile, là où nous nous frayions un rude passage à travers les ronces.

Nos festins à nous avaient lieu rue de la Lune — et notre écot était de dix-huit sous par tête.

Il y eut plaidoirie pour décider si l'on adopterait Katcomb, que l'un de nous avait découvert et où le dîner coûtait un franc; ce fut le signal d'une scission. Les Athéniens allèrent chez Katkomb, les Spartiates restèrent rue de la Lune.

Il y avait là Léon Gozlan, Michel Masson, Raymond Brucker, Vaulabelle, le grand historien, — celui qui fut ministre en 1848, et se faisait apporter tous les matins au ministère un faux col et un mouchoir à carreaux rouges, refusant de s'installer, et disant qu'il était là pour remplir un devoir et exécuter une consigne sans aucune raison de changer rien à ses habitudes et à son budget, voulant, d'ailleurs, quand il ne serait plus utile, n'avoir pour s'en aller qu'à mettre son chapeau, — et c'est ainsi qu'il est parti.

Il y avait là Jules Sandeau, Capo de Feuillide, et dix autres.

La littérature ne faisait alors que commencer à manger; il est évident qu'elle a fait d'immenses progrès.

TRISTES NOUVELLES DU VIN.

J'ai vu ce matin un homme fort intelligent qui m'a raconté des choses terribles.

— Monsieur, m'a-t-il dit, la réputation des vins de France est compromise; elle sera bientôt perdue si la législation ne lui vient en aide. On remplace dans les cultures les bonnes vignes par des vignes médiocres, mais plus productives ; on cultive la vigne en plaine ; le raisin y est mauvais mais abondant.

« Les vins de la côte du Rhône vont partout en aide aux fabrications.

« Les vins de Narbonne, de Nantes, d'Angoulême vont, en compagnie des plus mauvais vins d'Espagne, à Bordeaux pour y recevoir de divers parrains — le nom du Médoc — et se répandre ensuite sur la surface de la terre.

« Tous les vins blancs s'appellent *chablis* ; des vins fabriqués à Marseille et à Cette font un voyage en Espagne, y prennent des lettres de naturalisation et reviennent sous les noms de *madère* et d'*alicante;* on envoie du trois-six à Fougerolles, il en revient sous le nom de *kirschenwasser*.

« Des alcools fabriqués en Amérique vont, avec ceux du Nord, joindre leurs noms dans les chaudières du Languedoc et de Cognac pour inonder ensuite le monde sous des noms usurpés.

« Sauf quelques ceps plantés récemment dans la

plaine de Sillery, Sillery ne produit pas de vin ; cependant la généralité des vins mousseux est vendu sous le nom de *sillery*.

— Monsieur, repris-je, ne pourrait-on étendre à nos bons vins de France la nouvelle loi sur l'usurpation des noms et des titres de noblesse ? Mais êtes-vous bien certain de ces fraudes ?

— Monsieur, je suis propriétaire et marchand de vins ; j'en pratique quelques-unes moi-même.

— Ah ! très-bien.

— Les plus innocentes, j'entends.

— J'en étais persuadé d'avance.

— Tenez, en voici une que je ne fais pas, mais que je viens de voir exécuter à Marseille. J'ai vu un mélange de trois-six et d'esprit de betterave porter les noms honorables et variés d'absinthe suisse de Couvet, de kirschenvasser de la forêt Noire, d'anisette de Hollande, d'eau-de-vie de Dantzig, de cognac vieux première qualité avec la date de 1795. Tout cela partait pour les colonies.

— Monsieur, si l'on arrive à croire cela, il faudra boire de l'eau.

— Croyez-vous qu'on ne la sophistiquera pas ?

— Monsieur, j'ai du raisin, je ferai mon vin moi-même.

— Il sera très-mauvais.

— Oui, mais ce sera du vrai mauvais vin.

— Monsieur, j'ai un moyen pour rendre aux vins de France leur ancienne vertu et rajuster les lambeaux de leur renommée ; voici une brochure qui vous dira mon moyen.

Nous lirons la brochure.

SUITE DU PRÉCÉDENT.

Après avoir reproduit — d'après ma conversation avec M. Damotte, de Tonnerre, — un aperçu de la situation du vin en France — je dois aujourd'hui parler du moyen qu'il propose pour y remédier.

Voici encore et d'abord quelques observations intéressantes sur la situation actuelle que m'a présentées M. Damotte.

La régie des droits réunis voit tout, sait tout, connaît tout ; les mélanges non-seulement incestueux, — ceux-là seraient presque innocents en fait de vins — mais les plus adultères et les plus contre nature se font sous les yeux de ses légions d'employés. On ne se gêne pas pour elle; la régie n'est pas chargée de surveiller, elle est chargée de percevoir, et elle perçoit.

La liberté illimitée de s'approprier de vieilles réputations et de donner au vin le nom que l'on veut a produit un effet désastreux. — En général, le baptême est une crise dangereuse pour les vins.

On renouvelle sans cesse les vignes — le raisin des vieilles vignes produisant de meilleur vin, mais en moins grande quantité.

Ce que propose M. Damotte est tout simplement ce que, mes amis et moi, nous demandons depuis vingt ans : à savoir la marque de fabrique obligatoire, dans laquelle, moi seul, je faisais entrer la signature réelle des écrits.

Par la marque de fabrique, selon M. Damotte et selon la raison, il faut entendre tout ce qui peut constater l'origine, la nature, la quantité, etc., des objets vendus.

— Avec trois mots, dit M. Damotte, ajoutés à ce qui est exigé par les droits réunis, le propriétaire serait encouragé, le consommateur tranquillisé, et la plus considérable et la moins considérée des industries moralisée.

Ces trois mots, qui arriveraient bien à propos après les trois premiers mots *Mané — Thecel — Pharès*, inscrits déjà par M. Damotte, il ne demande pas mieux que de les dire à l'oreille du ministre que cela concerne.

A cet effet, il a publié une brochure contenant quatre idées; je viens de m'occuper de la première de ces idées : cette brochure se trouve probablement chez tous les libraires; — en tous cas, elle a été imprimée chez Hérisé, à Tonnerre.

M. Damotte m'a encore appris ceci :

La première idée de faire mousser les vins est due au moine dom Pérignon, mort à Anvilliers, près Aï, en 1702.

Il y a un Pérignon dans les dictionnaires biographiques; mais ce Pérignon, qui s'appelait Catherine de son petit nom, n'était que général sous la République, sénateur sous l'Empire, pair de France sous la Restauration; d'ailleurs, il était né en 1756, date qui prouve qu'il a pu boire du vin mousseux, mais qu'il ne l'a pas inventé, en même temps qu'elle établit qu'il n'a pas inventé la poudre, mais qu'il a pu tirer des coups de fusil; ce qu'il faisait, dit-on, très-bravement.

Donc, Pérignon est complétement oublié.

Les seigneurs de Sillery possédaient, sur les territoires de Verzy et Verzenay, de *très-vieilles vignes* en très-bons plants, qui produisaient de très-bons vins; ce nectar arrivait dans les caves de Sillery.

Les seigneurs de Sillery ont disparu, leurs vignes sont passées en des mains laborieuses qui amendent le sol, et renouvellent, comme partout, sans cesse la vigne. Au profit de la quantité, au détriment de la qualité, le progrès s'est emparé du nom.

Longtemps, le plus grand soin fut apporté au choix du raisin et à la fabrication du vin destiné à la mousse; longtemps le produit des jeunes plants en fut exclu.

Si la nature assigne au sol des limites de production, la consommation n'en admet pas.

Les crus longtemps rejetés sont maintenant admis dans la famille privilégiée, qui se compose des territoires de Hautvillers, Dizy, Aï, Mareuil, Bouzy, Cumières, Pierry, Cramant, Avize, Auger, le Mesnil, Avenay, Rilly, Chigny, Verzenay et Verzy.

Entre tous les crus autrefois jugés indignes de produire les vins mousseux de Champagne et qui en produisent aujourd'hui en grande quantité, il faut compter certains vignobles d'Allemagne, de Suisse, d'Amérique et les caves de Bercy à Paris.

Voici, pour finir, un petit tableau pour la constatation des vins que j'emprunte à la brochure de M. Damotte :

FORMULE DE DEMANDE D'EXPÉDITION.

EMPIRE FRANÇAIS.

ADMINISTRATION GÉNÉRALE DES DOUANES.

SURVEILLANCE MORALE

AJOUTÉE A LA PERCEPTION DES DROITS RÉUNIS.

Recette principale de
 Bureau de

ESPÈCES DE BOISSONS

Vin rouge de Aloxe 1857.

CRU DISTINCTIF

Corton.

Ou : « Vin mélangé, — chaptalisé, — alcoolisé, — parfumé, — de raisin soufré, — plâtré, — sans raisin, etc. »

Il y a là surtout un *et cœtera* qui est du plus haut intérêt et qui constate d'une admirable façon la marche inexorable du progrès.

Quand vous arrivez à *vin sans raisin,* vous vous

croyez à la limite dernière du progrès de la fabrication.

Eh bien, cet *et cœtera* vous dit que vous vous trompez et que l'on en fabrique avec encore moins que pas du tout de raisin.

C'est beau !

DU MAGNÉTISME.

J'ai reçu une lettre et deux volumes de M. G. Mabru, chimiste.

M. Mabru me reproche, dans sa lettre, de croire au magnétisme, et me cite dans ses livres comme un de ceux qui ont protégé cette science occulte.

M. Mabru se trompe : — j'ai constaté depuis vingt ans différentes expériences auxquelles j'ai assisté, le plus souvent à des intervalles éloignés.

Quelquefois j'ai surpris des fraudes et je l'ai dit ; d'autres fois j'ai vu des faits extraordinaires, et je l'ai dit ; d'autres fois encore, on a voulu m'expliquer ces faits, et l'on n'y a pas réussi.

Je me suis toujours résumé en ceci : si le magnétisme animal n'existe pas, la science légale et constituée a pour devoir de dévoiler la fraude de telle .açon qu'elle ne puisse plus se produire.

M. Mabru, comme beaucoup d'autres, prétend que la science a précisément fait ce que je demande.

Moi et beaucoup d'autres, nous prétendons que la science ne l'a pas fait.

Ce que je vais démontrer tout à l'heure à M. Mabru et à tous ceux qui sont de son opinion.

Certes, il n'y a pas de sujet plus digne de fixer l'attention que celui-ci :

Existe-t-il ou n'existe-t-il pas des moyens de voir ce qui est absent et ce qui doit arriver?

Je ne comprends pas que ceux qui ont la conviction du magnétisme animal, des tables tournantes, etc., consentent à jamais s'occuper d'autre chose, attendu qu'il n'est rien qui puisse présenter un intérêt capable de contre-balancer, ne fût-ce qu'un instant, l'intérêt que présentent ces phénomènes.

M. Mabru dit, dans ses livres, que les académies et la science ont depuis longtemps décidé la question.

Attendez! — j'ai aussi reçu un autre livre ; celui-ci est de M. Macario.

M. Macario n'est pas seulement un savant chimiste, il est encore docteur en médecine de la faculté de Paris, directeur de l'institut hydrothérapique de Serin, membre correspondant de l'académie royale de médecine et de chirurgie de Turin, de la société médico-physiologique de Paris, de la société impériale de Lyon, de la société historique du département du Cher, de l'académie des sciences et lettres de Montpellier, lauréat de la même académie, député au parlement sarde, etc.

Je n'ai, entre nous, jamais compris comment on pouvait se décider à être tant de choses que cela; cet être multiple n'est pas un monstre, on en voit beaucoup sur les couvertures des livres : c'est une sorte d'hydre de science à sept têtes et à sept queues. Grand bien lui fasse!

M. Macario, qui ne professe pas, mais qui veut, dit-il, s'éclairer, cite des faits.

M. Mabru, qui nie formellement, en cite d'autres.

Nous allons en choisir quelques-uns de part et d'autre.

Voici ce que dit M. Macario, membre de tout ce que vous savez :

Le 8 avril 1829, M. Cloquet a fait l'opération d'un cancer ulcéré sur une dame âgée de soixante-quatre ans, demeurant rue Saint-Denis, n° 251. Cette femme fut endormie par le docteur Chapelain. L'opération a duré dix ou douze minutes, et, pendant tout ce temps, la malade s'est entretenue tranquillement avec l'opérateur et n'a pas donné le plus léger signe de sensibilité.

Selon M. de Humboldt, le fluide nerveux forme, par son expansion au dehors, une sphère d'activité analogue à celle des corps électrisés. « Des observateurs très-sensés, dit-il, rapportent des faits d'après lesquels il semble que certaines personnes ont la faculté d'éprouver une sensation à l'approche d'un corps sans le toucher. Je ne sais si le changement de température qui peut avoir lieu dans ce cas suffirait pour expliquer cette sensation; mais l'expérience prouve qu'un nerf dont l'atmosphère sensible est répandue autour de lui, peut recevoir et propager des impressions sans être touché. » (*Expériences sur le galvanisme*, p. 201.)

Mademoiselle Pigeaire a lu, les yeux bandés, avec le plus grand soin, les différents livres, brochures ou écrits qui lui ont été présentés par MM. Orfila, Bousquet, Ribes, Pariset, Réveillé-Parise, membres de l'Académie de médecine, qui ont certifié le fait par leurs signatures.

Un soir, le docteur Gromier, après avoir endormi par la magnétisation une femme hystérique, demanda au mari de cette femme la permission de faire une expérience, et voici ce qui se passa :

Sans mot dire, il la conduisit en pleine mer, mentalement, bien entendu; la malade fut tranquille tant que le calme dura sur les eaux ; mais bientôt le magnétiseur souleva dans sa pensée une effroyable tempête, et la malade se mit aussitôt à pousser des cris perçants et à se cramponner aux objets environnants; sa voix, ses larmes, l'expression de sa physionomie indiquaient une frayeur terrible. Alors il ramena successivement, et toujours par la pensée, les vagues dans des limites raisonnables. Elles cessèrent d'agiter le navire, et, suivant le progrès de leur abaissement, le calme rentra dans l'esprit de la somnambule, quoiqu'elle conservât encore une respiration haletante et un tremblement nerveux dans tous ses membres.

— Ne me ramenez jamais en mer, s'écria-t-elle un instant après avec transport, j'ai trop peur ; et ce misérable capitaine qui ne voulait pas nous laisser monter sur le pont !

Le phénomène de la vue sans le secours des yeux a été constaté en 1831 par la commission de l'Académie de médecine. En effet, on lit dans son rapport :

« M. Ribes, membre de l'Académie, présente un catalogue qu'il tire de sa poche. Le somnambule (c'était M. Petit d'Athis, magnétisé par M. Dupotet), après quelques efforts qui paraissent le fatiguer, lit très-distinctement ces mots : LAVATER. *Il est bien difficile de connaître les hommes.* Ces derniers mots étaient imprimés en caractères très-fins. On lui met sous les yeux (fermés, bien entendu) un passe-port ; il le reconnaît et le désigne sous le nom de *passe-homme ;* on substitue au passe-port un port d'armes.

qu'on sait presque en tout semblable à un passe-port, et on le lui présente du côté blanc. M. Petit peut seulement reconnaître que c'est une pièce encadrée, assez semblable à la première. On le retourne : alors, après quelques instants d'hésitation, il dit ce que c'est, et lit distinctement ces mots : *De par la loi*, et à gauche : *Port d'armes.* On lui montre encore une lettre ouverte; il dit ne pouvoir la lire, n'entendant pas l'anglais. C'était, en effet, une lettre écrite dans cette langue.

« Un étudiant en droit, Paul Villagrand, paralysé du côté gauche du corps, mis en état de somnambulisme par le docteur Foissac, lit également les yeux fermés. Les paupières étant tenues fermées constamment et alternativement par MM. Fouquier, Itard, Marc et le rapporteur, on lui présente un jeu de cartes neuves, dont on brise la bande de papier portant le timbre de la régie; on les mêle, et Paul reconnaît facilement et successivement le roi de pique, l'as de trèfle, le sept de carreau et le huit de carreau.

« On lui présente, ayant les paupières tenues fermées par M. Ségalas, un volume dont M. Husson s'est muni. Il lit sur le titre : *Histoire de France* ; il ne peut lire les deux lignes intermédiaires, et lit sur la cinquième le nom seul d'*Anquetil*, qui y est précédé de la préposition *par*. On ouvre le livre à la page 89, et il lit à la première ligne : *Le nombre de ses...* il passe le mot *troupes* et continue : *Au moment où on le croyait le plus occupé des plaisirs du carnaval...* Il lit également le titre courant : *Louis*, mais ne peut lire le chiffre romain qui le suit. On lui présente un papier sur lequel on a écrit les mots *agglutination* et *magnétisme animal*. Il épèle le premier et prononce les deux autres.

« Dans une autre séance qui eut lieu le 13 mars suivant, Paul essaya inutilement de distinguer différentes cartes qu'on lui appliqua sur l'épigastre ; mais il lut encore, les yeux fermés, dans un livre ouvert au hasard, et, cette fois, ce fut M. le professeur Jules Cloquet qui lui boucha les paupières. M. Husson écrivit aussi sur un morceau de papier deux noms propres : *Maximilien Robespierre*, qu'il lut également bien. »

Ces faits, nettement établis dans le rapport rédigé.

au nom d'une commission de l'Académie de médecine, par M. Husson, portent avec eux la sanction de la science et de l'impartialité.

Ce n'est pas tout : — M. Macario, membre de tant de choses, cite une lettre curieuse, que je dois transcrire ici :

« Voici ce qui s'est passé, et l'on verra si jamais des *subtilités* ont pu produire des effets semblables à celui que je vais citer. Je décachette un jeu apporté par moi, et dont j'avais marqué l'enveloppe afin qu'il ne pût être changé... Je mêle... c'est à moi de *donner*... Je donne avec toutes les précautions d'un homme exercé aux finesses de son art. Précautions inutiles! Alexis m'arrête, et, me désignant une des cartes que je venais de poser devant lui sur la table :

« — J'ai le roi, me dit-il.

« — Mais vous n'en savez rien encore, puisque la retourne n'est pas sortie.

« — Vous allez le voir, reprend-il; continuez.

« Effectivement, je retourne le huit de carreau, et la sienne était le roi de carreau. La partie fut continuée d'une manière *assez bizarre;* car il me disait les cartes que je devais jouer, *quoique mon jeu fût en ce moment caché sous la table et serré dans mes mains.* A chacune des cartes jouées, il en posait une de son jeu, sans la retourner, et toujours elle se trouvait parfaitement en rapport avec celle que j'avais jouée moi-même.

« Je suis donc revenu de cette séance aussi émerveillé que je puisse l'être, et persuadé qu'il est tout à fait impossible que le hasard et l'adresse puissent jamais produire des effets aussi merveilleux.

« Recevez, etc.

« *Signé* : ROBERT-HOUDIN.

« 16 mai 1847. »

Passons maintenant aux assertions de M. Mabru, savant chimiste :

Le 24 juillet 1838, M. Girardin, rapporteur de la commission, rendit compte à l'Académie de médecine des prétentions de M. Pigeaire et termina la lecture de son rapport par ces mots :

« Nous n'avons pas trouvé, soit dans la forme du moyen d'occlusion proposé par M. Pigeaire, soit dans la manière dont le livre doit être placé devant mademoiselle sa fille, l'assurance positive que la lumière ne pouvait point arriver jusqu'aux yeux de la jeune somnambule. » (*Bulletin officiel de l'Académie*, t. II, p. 967, etc.)

Le 8 octobre 1840, M. Double, président de la commission nommée pour le prix Bordin, lut son rapport devant l'Académie, et le termina par ces paroles :

« Il est, je crois, de la dignité de l'Académie de mettre un terme à toutes ces demandes d'expériences des magnétiseurs qui manquent *constamment*... Je propose qu'à l'avenir il ne soit plus répondu aux demandes de cette nature et que l'Académie s'abstienne. »

Cette proposition ultime, immédiatement acceptée, fut mise en vigueur le 1er octobre suivant. (Voyez le *Bulletin officiel de l'Académie*, t. IV, p. 22, etc.)

Sérieusement, le livre de M. Mabru est un ouvrage très-consciencieux, plein de faits, de détails curieux et intéressants. Mais il se trompe toujours, suivant moi, sur deux points; je mets d'abord celui qui me concerne; — pardon de l'outrecuidance : j'ai, avant M. Mabru, parlé des somnambules, et des tables tournantes, et des escargots sympathiques, et des médiums; mais je n'ai pas nié ce que je n'ai pas compris, je l'ai seulement raconté.

Le second *point* sur lequel — toujours suivant moi, se trompe M. Mabru, c'est lorsqu'il affirme que le magnétisme, les magnétiseurs sont des choses jugées, condamnées, exécutées. J'ai donné l'opinion et les assertions de M. Macario, je vais en ajouter quelques autres.

« Madame Mongruel, aimable et naturelle à l'état de veille, m'a paru, durant l'état somnambulique, d'une lucidité *remarquable*, et consciencieuse autant que sage. Je me fais un plaisir d'attester cette vérité à ceux qui viendront consulter la jeune *sibylle*, dirigée par un mari qui, comprenant toute l'importance de sa position, sait se maintenir dans la limite des devoirs impérieux qu'elle lui impose.

« De la Rochefoucauld, duc de Doudeauville,

« 17, *rue de Varennes.*

« Paris, 16 juin 1848. »

Monseigneur l'évêque de Rennes avait cru devoir

se livrer, pour son édification personnelle, aux expériences sur les tables, et voici à la suite de quel résultat Sa Grandeur y a renoncé :

« L'évêque, ses vicaires généraux, ses chanoines, réunis à l'évêché, interrogeaient une table sur le sort et les souffrances d'un jeune et généreux missionnaire récemment martyrisé en Chine. L'évêque avait sur lui, comme relique, un lambeau de la chemise sanglante de ce dévoué et malheureux soldat de la foi. Est-ce ce talisman qui opéra? On ne sait. Mais toujours est-il que la table se mit à raconter en sa langue, avec une fidélité stupéfiante, toute l'histoire des angoisses et des tortures du courageux missionnaire, toutes circonstances bien connues de la part des assistants. L'évêque, pour sa part, en fut si frappé, qu'interrompant l'exercice, il s'écria d'une voix forte :

« — Pour savoir tout cela, il faut que tu sois le diable. Eh bien, si tu es le diable, par le Dieu tout-puissant, par Jésus-Christ crucifié, je t'adjure et t'ordonne de te briser à mes pieds !

« Incontinent la table fit un énorme bond, et, retombant obliquement, vint briser deux de ses pieds devant ceux de monseigneur de Rennes. » (*Courrier de Paris*. — Reproduit aussi par *le Voleur* du 3 juillet 1857.)

J'emprunterai maintenant à **M. Mabru** lui-même la liste qu'il donne de ceux qu'il accuse de croire au magnétisme, aux magnétiseurs ; — j'enlève mon nom pour les causes que j'ai données.

Le général la Fayette, — le père Lacordaire, — le duc de Montpensier, — la reine mère d'Espagne, — le prince de la Moskowa, — le cardinal archevêque Gousset, — Broussais, — H. de Balzac, — George Sand, — le czar Alexandre, — le docteur Guersant, — le général Jacqueminot, — les avocats Crémieux et Jules Favre, — Alexandre Dumas, — M. Franck, de l'Institut, — M. de Tocqueville, — le prince de Talleyrand, — Victor Hugo, — Agénor de Gasparin, etc.

« Quand je propose à l'*être de raison créé* dans ma table l'extraction de cinq racines cubiques de nombres de huit chiffres, et qu'elle me produit ce résultat en trois minutes, quand il me faut deux heures, avec une table de logarithmes, pour vérifier l'exactitude de ce calcul instructif, est-ce encore ma raison qui fait cela? Alors qu'un académicien l'essaye.

« Or, je le dis à tout le monde, je l'affirme sur mon honneur et ma vie, et je le fais imprimer... » (A. A. Morin, *Revue philosoph. et relig.*, mai 1856.)

Et je dirai, pour résumer, ce que j'ai dit cent fois :

Non, ces croyances ne sont pas vaincues, terrassées, détruites.

Songez un peu combien de gens parmi vos connaissances, vos amis, vos parents, croient aux magnétiseurs, aux tables tournantes, écrivantes et parlantes, — aux médiums, spirits, etc. Trois ou quatre cents somnambules, médiums, etc., exercent leur industrie dans Paris, et vous direz avec moi :

Au nom du bon sens, du progrès des sciences, au nom de la santé de l'esprit humain, il faut que cette question soit évidemment, nettement et définitivement résolue par la science.

Il faut ou qu'il soit admis et reconnu que certaines personnes atteintes, si vous voulez, d'une névrose d'un genre particulier, ou mieux prédisposées par un état maladif, éprouvent dans les sens une surexcitation, une transposition même qui donne lieu à tels ou tels phénomènes; que, entre ces phénomènes, ceux-ci ont été constatés et ceux-là ne le sont pas; que le magnétisme n'est pas encore une science, mais présente un ensemble de faits et qu'il est un fait lui-même, — et je ne cache pas à M. Mabru que, jusqu'à nouvel ordre, c'est là mon opinion; — ou bien qu'il soit établi, prouvé, démontré que les phénomènes attribués à certaines personnes magnétisées sont un escamotage, un tour de gobelet, une tromperie audacieuse, une jonglerie insolente.

Il faut qu'une enquête soit ouverte; que les résultats en soient, non pas publiés avec restrictions dans certains recueils scientifiques dont la publicité est très-restreinte et ne s'adresse qu'à des gens ayant déjà pris parti dans la question, — mais dans la plus grande partie des journaux.

Il faut que l'on prenne contre cette maladie de l'esprit les mesures hygiéniques que l'on prendrait contre une peste, ou toute autre maladie contagieuse; car si la contagion de la peste est discutée, celle des maladies de l'esprit ne l'est pas.

L'Académie des sciences ni l'Académie de médecine n'ont pas le droit de maintenir leur décision de ne plus s'occuper de cette question; elles n'ont pas le droit de déclarer mortes et enterrées des croyances et des crédulités qu'elles ont touchées peut-être avec le fleuret boutonné, mais non tuées avec l'épée sur le champ de bataille.

Il est, selon moi, du devoir du ministre de l'instruction publique de provoquer cette enquête et de la surveiller — jusqu'à ce qu'elle ait eu un résultat évident, définitif, indiscutable.

Il faudrait que la commission d'enquête ne fût pas seulement composée de médecins; ils auraient l'air, aux yeux de la partie du public prévenue, de ne pas apporter dans l'épreuve toute l'impartialité désirable et de traiter *a priori* le magnétisme comme un marchand traite la boutique à côté.

Il faudrait que la commission fût formée comme Argus; qu'elle eût le plus d'yeux possible, — c'est-à-dire que, parmi ses membres, on comptât des représentants de tous les genres d'observateurs, de chercheurs et d'inquisiteurs du vrai — des chimistes, des anatomistes, des écrivains, — sans oublier d'y joindre M. Bosco ou M. Robert-Houdin.

Il faudrait que les membres de la commission eussent l'énergie de porter aux épreuves des esprits qui ne fussent prévenus en aucun sens — des esprits blancs comme le papier blanc — prêts à recevoir et à consigner les observations.

Car il ne faudrait pas que l'Académie s'exposât une seconde fois à ce qui lui est déjà arrivé.

Un rapport lui a été fait par une commission nommée par elle et prise dans son sein.

Cette commission se composait de MM. Leroux, Bourdois, Double, Magendie, Guersant, Laennec, Thillaye, Marc, Itard, Fouquier et Guéneau de Mussy.

Dans une séance du 21 juin 1831, M. Husson, devenu rapporteur à la suite d'une maladie de M. Laennec, lut un rapport dans les conclusions duquel on remarque, entre autres articles favorables au magnétisme :

« Nous avons vu deux somnambules distinguer, les yeux fermés, les objets que l'on a placés devant eux. Ils ont désigné, sans les toucher, la couleur et la valeur des cartes. Ils ont lu des mots tracés à la main ou quelques lignes de livres que l'on a ouverts au hasard. Ce phénomène a eu lieu, alors même qu'avec les doigts on fermait exactement l'ouverture des paupières. »

Ont signé : « Bourdois de la Mothe, Fouquier, Guéneau de Mussy, Guersant, Husson, Itard, Leroux, Marc, Thillaye. »

Que fit l'Académie ?

Elle déclara que les membres de sa commission avaient été trompés et joués.

C'est-à-dire qu'elle semblait avoir nommé une commission, non pour juger si les phénomènes annoncés par les magnétiseurs existaient, mais pour déclarer et décider qu'ils n'existaient pas.

C'était, dis-je, traiter les magnétiseurs comme « la boutique à côté. »

Cependant les membres de la commission avaient eu, en reconnaissant la réalité des phénomènes et l'existence de l'agent, la prudence louable de confisquer et les phénomènes et l'agent au profit du docte corps (*in nostro docto corpore*).

Car voici leur dernier article :

« Considéré comme agent de phénomènes physiologiques ou comme moyen thérapeutique, le magnétisme devrait trouver sa place dans le cadre des connaissances médicales, et, par conséquent, les médecins seuls devraient en faire ou en surveiller l'emploi, ainsi que cela se pratique dans les pays du Nord. »

« La société, disait Pascal, est un homme qui apprend toujours. »

« Nous ne savons pas ce qui est possible et ce qui est impossible, » disait Lucrèce.

Ignari quid queat esse, quid nequeat.

Je répète qu'il y a là un devoir rigoureux et urgent pour ceux qui sont ou doivent être les tuteurs et les médecins de l'esprit.

CHOSES GAIES.

Pour me faire pardonner cette longue dissertation, je vais la terminer par deux ou trois choses gaies, que j'ai ramassées dans l'enquête sommaire et préalable que je viens de soumettre à mes lecteurs.

Voici une annonce qui a été publiée :

« NOEL YMONNET, MAGNÉTISEUR, a l'honneur de faire savoir au public qu'il vient de s'adjoindre des somnambules très-lucides, qui ont trouvé un moyen efficace pour garantir les cheveux de tomber et de blanchir avant l'âge de quarante ans. »

M. GENTIL est accusé par M. Mabru de se servir du magnétisme pour retrouver les chiens perdus, et s'accuse lui-même de faire apparaître la sainte Vierge et l'Enfant Jésus.

Lorsque le magnétiseur Lafontaine était à Naples, il reçut du préfet de cette ville l'ordre de partir dans les six jours. Voici ce que cet habile magnétiseur a écrit en racontant cette affaire :

« Furieux, je courus à la préfecture de police, et je menaçai M. le préfet de l'endormir et de ne plus le réveiller, ainsi que toute sa police, s'il ne révoquait cet ordre à l'instant. »

Il faut croire que le préfet s'est rendu aux injonctions de M. Lafontaine, car rien n'a prouvé, depuis, que ni lui ni sa police se soient endormis.

Un magnétiseur recommande de magnétiser l'eau destinée à éteindre les incendies.

Un autre, de magnétiser les gilets de flanelle et les bas de laine destinés à tenir chauds la poitrine et les pieds d'un malade.

Ils ne s'arrêtent pas à cette objection que, si c'est le fluide qui éteint, il n'y a pas besoin du concours de l'eau qui passe pour éteindre ainsi et qu'il serait plus brillant de magnétiser le feu.

Que si c'est le magnétisme qui tient chaud aux pieds et à la poitrine, il serait plus convaincant qu'il se passât de l'assistance de la laine, qui a la même prétention, et que le beau serait de remplacer la flanelle et les bas de laine par *l'habit de papier gris de cadet Roussel — qu'il ne met que quand il gèle —* et qui probablement était magnétisé.

Terminons définitivement en ramassant deux des projectiles trouvés sur le champ de bataille.

M. le baron Dupotet aux savants :

« Nos académiciens occupent un nid commun, et,

lorsqu'un de ces rares oiseaux meurt, la place qu'il quitte est aussitôt prise, et gare les coups de bec aux oiseaux en retard ! Ce nid est sale et vieux, il est construit avec des branches mortes et des détritus de vieux chiffons ; qu'importe ! ils y font leur ponte et leur couvée, et, comme les oies du Capitole, ils sont tous nourris aux dépens de la République ; cependant ils n'ont jamais rien sauvé, et ils sifflent toujours le même air, ce qui est très-ennuyeux. »

Touché !

Un académicien aux magnétiseurs :

« J'admire *certains magnétiseurs qui ont l'audace de vouloir prédire l'avenir, quand ils ne savent pas eux-mêmes s'ils pourront dîner.* »

Riposté !

SOUVENIRS.

Lorsque j'habitais Sainte-Adresse, je fus un jour invité à me trouver au Havre dans un local désigné pour prendre part à une délibération qui devait m'intéresser.

Ce qui étonnera quelque peu mon ami le baron de B*** et peut-être quelques autres encore, — je fus très-exact; j'arrivai à peu près le dernier, il est vrai, mais cela provenait de l'inexactitude des autres qui étaient arrivés avant l'heure.

J'en demande pardon aux divers rois, présidents, dictateurs, etc., que j'ai eu l'honneur d'approcher; j'en demande pardon aux diverses académies et aux assemblées politiques, littéraires, économiques, savantes, — aux différents clubs ou gueuletons même, auxquels j'ai assisté le moins possible.

J'en demande pardon surtout, et bien avant les autres, aux différents grands poëtes, grands peintres, grands musiciens auxquels j'ai serré la main.

Jamais je n'ai ressenti une émotion comparable à celle que j'éprouvai quand je me trouvai dans une grande salle où étaient réunis une centaine d'hommes presque tous marins, dont chacun portait sur la poitrine une, deux, trois, quatre, cinq médailles de sauvetage, les unes en argent, les autres en or; une, deux, trois, quatre, cinq médailles, sur chacune desquelles il était gravé en relief que, tel jour, en tel lieu, un tel avait exposé sa vie pour sauver celle d'un autre homme.

Ce qu'il y avait de force et de bonté sur ces larges poitrines, sur ces figures douces et énergiques ne se peut décrire.

Il s'agissait de faire tous ensemble une réclamation que j'avais déjà faite seul plusieurs fois, mais à propos de laquelle j'avais toujours échoué.

La loi au sujet des médailles de sauvetage est, sauf le respect que je lui dois, un peu bizarre.

La médaille de sauvetage peut et doit dans certains cas se porter ostensiblement; elle doit être attachée par un ruban tricolore dont les dimensions sont fixées. On ne peut porter la médaille sans le ruban, ni le ruban sans la médaille. Or, celle-ci est large et pesante; avec deux ou trois médailles, on produit en marchant un bruit de vaisselle très-incommode; de plus, on peut les perdre, et, comme elles sont frappées exprès pour les titulaires, il serait au moins très-difficile de les remplacer.

De même que la loi qui est censée protéger les inventeurs contient surtout des articles contre eux, et commence par les condamner à une amende, — la loi sur les actes de dévouement est fort menaçante pour ceux qui les ont commis.

Ils peuvent être mis en prison s'ils portent le ruban sans la médaille, s'ils portent avec la médaille un ruban qui ne soit pas tricolore, si les trois couleurs dans le ruban tricolore occupent un espace inégal, etc.

Or, le ruban tricolore est le ruban national; je ne pense pas qu'on puisse légalement punir tout homme qui le porte par fantaisie, ou par une autre cause; on l'a porté en février 1848, par exemple.

Celui qui a gagné et reçu une médaille de sauvetage seul ne peut user de ce privilége; à lui seul il est interdit de porter un ruban tricolore à sa boutonnière.

Après cette réunion, nous demandâmes ce que j'avais déjà demandé : qu'un ruban spécial fût affecté aux médailles de sauvetage; — nous proposions un ruban à petites raies rouges et vertes, symbolisant le feu et l'eau.

Il ne fut donné aucune suite à notre demande.

Depuis, je la renouvelai souvent aux divers amis que j'ai eus aux affaires, — une fois entre autres.

La dernière fois que je m'en occupai, ce fut en 1852, peu de jours avant de quitter la France ; je me rencontrai avec M. Belmontet, celui qui s'est intitulé définitivement « le poëte de l'Empire, » et qui est en même temps député, je crois, de Tarn-et-Garonne.

Il me parla de quelques améliorations projetées par ses amis; je lui fis remarquer qu'elles avaient été d'abord demandées par nous depuis longtemps.

— Si j'étais l'ami de vos amis, dis-je à M. Belmontet, je voudrais leur rendre le service de leur faire ce que je n'ai pu faire exécuter par leurs divers prédécesseurs. Ce que je demandais n'est cependant pas exorbitant, ajoutai-je ; il s'agit de ne pas mettre ceux qui sauvent les hommes trop au-dessous de ceux qui les tuent, et d'admettre les premiers aux mêmes récompenses que les seconds.

M. Belmontet sourit d'un sourire olympien.

— Ce n'est que cela, dit-il; vous pouvez considérer la chose comme faite.

Hélas! le poëte de l'Empire se trompait.

Il n'y a rien de changé ; — les sauveteurs sont toujours dans la même situation.

Leur décoration se compose toujours d'une médaille lourde, incommode, que l'on ne pourrait remplacer si on la perdait, et d'un ruban que tout le monde a le droit de porter en France, excepté eux ; c'est-à-dire que cette distinction consiste principalement en ceci, qu'à eux seuls il est interdit, sous des peines légales, de porter un ruban tricolore.

Pour moi, je ne me décourage pas : pour le moment, je n'ai rien à dire ni à faire ; mais, la première fois que j'aurai des amis au pouvoir, je reviendrai à la charge ; ils peuvent s'attendre qu'ils n'auront de moi ni trêve ni merci.

C'est cependant une belle chose que cette décoration ; elle a pour elle une particularité qui pourrait en embarrasser beaucoup d'autres : elle porte écrite la cause qui l'a fait obtenir.

J'ai eu deux fois l'honneur de voir le roi Louis-Philippe. La première fois, c'était à Versailles ; pendant qu'il adressait aux quelques personnes qui lui étaient présentées les quelques paroles banales que comportait la circonstance, ses regards s'arrêtèrent un instant sur une de ces médailles que je portais à la boutonnière de mon habit.

La seconde fois, c'était dans une circonstance presque fortuite; il me demanda ce que c'était que cette médaille. Je lui répondis :

— Sire, c'est absolument la même chose qu'une médaille civique qui vous fut décernée lorsque vous étiez duc de Chartres...

— Ah! très-bien, dit-il, c'est un bon souvenir.

Deux heures après, j'étais chez le comte de Salvandy, et je lui disais :

— Voilà une bonne occasion pour plaider en faveur de la médaille.

Et je lui contai ce qui venait de se passer.

— Excellente, me dit-il.

Et il n'en fut plus question.

J'ai longtemps cherché les causes de la défaveur qui s'attache aux médailles de sauvetage, je ne l'ai trouvée que dans des instincts peu respectables; les actes qui font obtenir ces récompenses demandent à la fois un bon cœur et un corps robuste; les hommes d'État, ceux qui font les lois, ne réunissent pas toujours ces deux conditions. Il est poli de leur accorder la première, vu son essence métaphysique, et de supposer que c'est la seconde qui leur manque.

La vertu de sauveteur est donc une vertu d'homme fort, d'homme de peine, une vertu de petites gens — de marin, de soldat, de pompier ; — on ne s'intéresse pas à une décoration que l'on n'a pas beaucoup de chances d'obtenir, et celle-ci avec son inscription a quelque chose d'insolent.

Il n'y a pas moyen de l'obtenir de la complaisance des autres ou de la sienne.

Tout ce verbiage dans lequel je me suis peut-être un peu trop complu m'amène à confesser quelque chose à mes lecteurs, — quelque chose pourquoi j'ai besoin de toute leur indulgence.

Je veux leur conter comment je viens de recevoir un honneur qui m'a causé une grande joie — et qui m'a fait savourer toutes les jouissances de l'orgueil : — je leur dis bien mes humiliations ; — ne leur ai-je pas raconté dernièrement ce qui m'était arrivé au sujet de la loterie pour le menuisier de Saint-Étienne.

A ce propos, disons que la maison est conquise et qu'il ne faut plus envoyer d'argent, nous en avons assez; j'en ai encore reçu hier qu'il faudra consacrer à un meuble; — nous n'en voulons plus.

Je vais bientôt être comme l'élève du sorcier qui, ayant appris la formule cabalistique pour se faire apporter de l'eau par les gnomes, ignore celle qui doit les arrêter, et ne peut les empêcher d'inonder la ville et de faire périr tous les habitants.

> Arrêtez les ruisseaux, les prés ont assez bu.
> *Claudite jam rivos, pueri, sat prata bibere.*

UN MOYEN NOUVEAU DE VENDRE SON VIN.

Voici le vin qui revient; c'est le moment de mettre en lumière un procédé ingénieux pour se faire des débouchés.

Un marchand de vin de Paris en est l'inventeur.

Il se tient soigneusement au courant des décès qui sont nombreux dans une ville qui renferme plus d'un million d'habitants; quand il meurt un homme riche ou seulement dans l'aisance, on voit, quelques heures après la mort, arriver ou un tonneau ou un panier de vins — vins ordinaires, vins fins, vins de prix — selon la fortune présumée du défunt ; — c'est une commande que le mort avait faite quelques heures, quelques jours avant le coup fatal qui l'enlève à sa famille, à ses amis, à ses concitoyens, trépas prématuré que le marchand ignorait et qui lui cause une douloureuse surprise ; mais que l'on ne dérange pas la veuve — ou le fils — ou le frère du défunt — que l'on respecte leur douleur — que l'on dépose cette commande à la cave — sans même en parler ; c'est si peu le moment de les occuper de pareils détails ! — Les domestiques obéissent — et, seulement trois mois après, les héritiers apprennent qu'ils ont hérité d'un tonneau ou d'un panier de vins, mais aussi d'une note à payer.

A PROPOS.

Il y a deux ans, j'ai jeté un cri d'alarme ; j'ai écrit dans un journal qui a un peu plus de cinq cent mille lecteurs, un long morceau qui commençait ainsi : *L'Europe a faim.*

Toute ma vie, j'ai prêché l'agriculture par les journaux, par les livres, par l'exemple.

Je crois avoir en France converti à mes idées un certain nombre d'esprits — sans pouvoir me dissimuler que les événements politiques, en jetant hors des affaires publiques la plupart de ceux qui y avaient été mêlés, ont singulièrement facilité les conversions.

Il est bien temps de remettre un peu les choses à leur place. En France, quand il s'agit de former un ministère, et cela depuis que je suis au monde, dans la distribution des départements on appelle — l'agriculture, la justice, l'instruction publique — les petits ministères.

Il me semble entendre un anatomiste appeler le

cœur un viscère subalterne — et le sang un liquide parasite.

Avec ces idées fausses, on est arrivé à ceci, c'est que, si un paysan a trois fils, il fait le plus intelligent curé ou huissier (en Normandie, par respect, on aspire l'*h* de huissier, un huissier, comme l'*h* de héros), le second devient commis d'un marchand — le plus bête reste à la terre.

Combien de fois avons-nous entendu un haut personnage, présidant un comice agricole, dire aux cultivateurs assemblés : « Mes amis, votre humble profession, sans avoir l'éclat des armes, est cependant estimable à certains égards. »

J'irai plus loin, c'est là le thème de tous ces discours; les variations sont au goût de l'orateur. — Mettre l'art de massacrer les hommes au-dessus de l'art de les nourrir! — Et pourtant, ce sont des hommes réputés sérieux parce qu'ils disent leurs sottises avec certains costumes, et parce que ces sottises ne font rire que quelques bons esprits, ce sont ces hommes sérieux qui disent et répètent de pareilles billevesées.

Quand ces gens sérieux veulent représenter « le thermomètre de la fortune publique, » ils vous montrent la Bourse et l'agiotage.

Or, la Bourse et l'agiotage, — or, le commerce lui-même, ne créent pas en mille ans pour deux liards de richesses; l'agiotage et le commerce, quoique autrement important que l'agiotage, ne font que déplacer les richesses.

Pour que Pierre gagne 100,000 francs à la Bourse, il faut que Jean perde 50,000 francs et que Paul et Joseph en perdent chacun 25,000.

L'agriculture seule — et l'industrie créent des richesses; le paysan sème un boisseau de blé; il donne à la consommation vingt-cinq boisseaux de blé, qui n'existaient pas, qui n'auraient pas existé.

L'ouvrier prend du fer et du bois et fait des outils et des objets de toute nature qui n'existaient pas et qui n'auraient pas existé.

Je m'afflige quand je vois, dans les villes, ces armées de commis en nouveautés usurper les travaux des femmes, auxquelles ils ne laissent que les professions qui ne donnent aucun profit, au lieu de rester ou de retourner à la terre.

Je m'afflige quand je vois les quelques hommes intelligents qui se consacrent à l'agriculture n'avoir aucune chance d'arriver ni à la fortune ni aux honneurs.

C'est pour cela que je me lève chaque fois qu'il se présente une question agricole.

Je veux soumettre à cette « bonne nouvelle » quelques objections que, je le répète, je serais heureux de voir réduire en poudre.

On dit : « C'est un fait *acquis à la science* et à l'agriculture que le soufre est l'antidote de l'oïdium Tuckeri. »

A la science, c'est possible ; — à l'agriculture, je le conteste.

Par l'agriculture, il faut entendre les *agriculteurs* et non pas un être métaphysique, *Cybèle* ou *Tellus*.

Eh bien, beaucoup d'agriculteurs n'ont pas entendu parler du soufre — et beaucoup plus l'ont essayé sans succès.

Qu'ils s'y soient mal pris, et moi comme les autres,

je le veux bien, ou plutôt je l'espère ; car ce serait un grand bonheur de posséder ce spécifique.

Mais je suis jardinier et aussi un peu logicien ; s'il m'est démontré qu'avec le soufre on peut détruire la maladie de la vigne, je ferai de tout mon petit mieux pour propager, pour imposer cette vérité ; mais, en fait de preuves, je suis difficile : il faut qu'une preuve soit une preuve.

Ainsi, la vigne était malade depuis plusieurs années ; on a soufré des vignes : il y a, cette année, beaucoup de vignes qui ne sont pas malades.

Cela a un faux air de preuve — et n'est pas une preuve, pas plus que si on disait : « Un homme vient de passer sur la route ; il en passe un second ; *donc*, le premier tire l'autre. »

Ce n'est pas une preuve, car il se pourrait faire que ce fut, au contraire, le second qui poussât le premier.

Il se pourrait faire aussi que le passage de chacun d'eux ne fût ni la cause ni l'effet du passage de l'autre et que chacun passât uniquement pour son compte.

Permettez-moi de prendre exemple sur mon jardin.

Il y a trois ans, j'ai soufré quelques ceps... maladroitement, je le veux bien; mais j'ai soufré. Toutes les vignes ont été malades; celles qui avaient été soufrées ne l'ont pas été plus que les autres; mais elles ne l'ont pas non plus été moins; cette année, je n'ai pas soufré : il y a un peu plus de la moitié de mes vignes qui n'a pas été malade; si j'avais soufré, serais-je fondé à dire : « Il est acquis à l'agriculture que le soufre a guéri la moitié des vignes partout comme dans mon jardin? »

Or, quelle est l'année où le soufre guérit tant de vignes? C'est l'année où une grande partie des vignes n'est pas malade.

Pour une preuve, il faudrait que toutes les vignes soufrées fussent exemptes de la maladie et que toutes les vignes non soufrées en fussent atteintes.

Cette preuve n'a pas été donnée — à Nice, il y a quelques années. Le choléra régnait presque partout ailleurs; il mourut à Nice, avec des symptômes de l'épidémie, un très-petit nombre de personnes, vieilles, malades, infirmes, usées, qui n'attendaient qu'un prétexte pour s'en aller et à qui c'était bien égal de s'en aller comme cela ou autrement, comme sous un coup de vent tombent les fruits mûrs et les fruits gâtés. Combien de cholériques cependant certains médecins ont prétendu avoir guéris ! tous ceux qui ne sont pas morts du choléra, et c'était toute la population moins une demi-douzaine d'individus, on a prétendu les en avoir sauvés, sans s'informer s'ils avaient été malades.

La seule expérience significative est celle du jardinier de M. de Rothschild à Ferrières : je comprends que l'exhalaison du soufre fasse périr l'oïdium, comme, à un certain degré, elle ferait périr toutes les plantes ; et encore il faudrait que, dans une terre semblable, plantée de mêmes ceps du même âge, dans le même sol, à la même exposition, la moitié de la vigne n'eût pas été soufrée et eût été malade ; il aurait fallu ensuite une seconde année soufrer la partie qui aurait été malade, et ne pas soufrer l'autre, puis constater que la première avait été exempte, et la seconde atteinte à son tour.

Voilà ce que j'appellerais une preuve et un fait acquis à l'agriculture comme à la science.

Sans cela, nous sommes dans la position d'un homme qui, ayant mangé des choux au lard, se dirait : « Je n'ai pas de cors aux pieds, je pense que c'est parce que j'ai mangé du lard. » Un autre peut lui dire : « Non. c'est aux choux que vous devez cette immunité; » tandis qu'un troisième voyant un ruban rouge à sa boutonnière a le droit de s'écrier : « Fadaise! vous n'avez pas de cors aux pieds parce que vous avez la croix d'honneur. »

Et, moi, je dirai : « Où est la preuve que vous auriez eu des cors quand même vous n'auriez pas la croix d'honneur? » Pour moi, avec ce que je sais, bien entendu, la spécificité du soufre est un fait encore à étudier.

Et cependant on n'a eu que trop le temps de l'étudier. Jusqu'ici, la première année où on a constaté la guérison d'une partie de la vigne est précisément l'année où, d'après les statistiques, il y a une partie de la vigne qui naturellement n'a pas été malade.

Est-ce celle-ci que l'on a guéri?

En attendant, ce qui est un fait acquis, c'est la prospérité des marchands de soufre plus que celle des vignerons.

La vigne est moins malade, je le veux; mais le soufre se porte furieusement bien.

Voilà mes objections: levez-les et j'en serai enchanté.

DEUX NOUVEAUX ALIMENTS.

Voici trois découvertes publiées comme nouvelles par divers journaux !

La première est « le suc extrait des muscles du corbeau. »

C'est *l'Industrie,* journal du Pas-de-Calais, qui livre à la publicité — la proposition que fait un pharmacien, de 10 centimes par corbeau, pour extraire le suc des muscles de cet oiseau; mais on ne dit pas quelle est la vertu de cet extrait.

L'ancienne médecine ne se privait pas de drogues pour le moins aussi étranges : la fiente de paon; — la cendre de corne de cerf droite ou gauche, selon la maladie, — la mousse qui croît sur les têtes de mort; — la raclure d'ongles d'homme ayant subi une mort violente — se trouvent fréquemment indiquées dans d'anciens formulaires. Le suc extrait des muscles du corbeau, mieux renseigné que le journal du Pas-de-Calais, nous sommes autorisé à l'annoncer, entrera dans la composition d'un élixir de longue vie; on sait qu'un corbeau de cent ans est à la fleur de l'âge.

Deux nouveaux aliments viennent aussi d'être découverts : l'un est le civet d'aigle, l'autre le commissaire de police belge au naturel.

Le premier plat est dû à des chasseurs de Foix; ils ont trouvé le civet d'aigle excellent; voici donc pour ces deux méchants oiseaux, le corbeau et l'aigle, une utilité trouvée.

Pour ce qui est du commissaire de police, on a arrêté la femme qui le goûtait, dès les premières bouchées; aussi prétend-elle aujourd'hui n'avoir fait que le mordre. Les tribunaux en décideront.

L'ANSE... DU GOUVERNEMENT.

Soulouque a quitté Haïti et vient en Europe. Comment y sera-t-il traité? en nègre ou en empereur?

Réponse : Il sera traité comme il lui plaira, attendu qu'il a mis une vingtaine de millions sur diverses banques étrangères et qu'il ne négligera pas de les reprendre.

Il y a quelque chose d'étrange à voir ce Caligula noir faire danser l'anse du panier et mettre à la caisse d'épargne comme un cuisinier; — c'est un exemple plus prudent que noble.

DES CRITIQUES.

Il semblerait naturel que la critique fût dévolue de droit aux écrivains arrivés au bout de la carrière:

Candidior postquàm tondenti barba caderet,

que les *anciens, seniores,* fussent les législateurs.

L'usage en a décidé autrement; ce sont les débutants imberbes qui appliquent les lois, en attendant qu'ils les connaissent et soient capables de les suivre ; ce sont les écoliers qui donnent des férules aux maîtres. Il est vrai que, plus tard, ils n'oseraient plus ; à peine auraient-ils un peu de talent, qu'il leur viendrait du respect pour le génie.

UNE ÉCONOMIE.

Voici un procédé d'avare que je recommande aux amateurs qui ont des correspondants à l'étranger.

L'usage se répand aujourd'hui d'affranchir les lettres mutuellement.

Il n'est pas facile de faire une réponse non affranchie à une lettre qui vous vient illustrée d'un ou de plusieurs portraits de souverains évalués à diverses sommes, de cinq centimes à un franc, non pas suivant les souverains, ce qui serait assez curieux et difficile à établir, mais selon la couleur.

Que fait l'homme dont je vous signale l'industrie ? Il ne manque jamais d'apposer un timbre d'affranchissement sur ses lettres; mais, quelle que soit la distance que cette lettre ait à parcourir, quelle que soit l'élévation du port, il y applique invariablement le portrait le moins cher; ce qui oblige l'administration des postes à illustrer, à son tour, la lettre de ces mots : Timbre insuffisant.

Ce qui vous oblige à payer provisoirement le prix total du port, sauf à réclamer la différence, si vous avez lu l'adresse, ce qui est douteux ; si vous avez remarqué cette phrase, ce qui ne l'est pas moins ; si vous n'avez ni jeté au panier, ni perdu, ni brûlé ladite adresse; si encore la lettre est sous enveloppe; car, dans le cas contraire, il vous faudrait laisser la lettre elle-même à la poste.

Vous me direz qu'il ne serait pas plus difficile à l'administration d'inscrire la différence à payer par celui qui reçoit la lettre, que d'écrire : « Timbre insuffisant. » C'est mon avis, je l'ai déjà présenté plusieurs fois; mais on n'en a guère tenu compte.

J'ai eu une fois avec l'administration des postes un succès... qui, hélas ! n'a pas été de longue durée.

Quand l'usage passa d'Angleterre, je crois, en

France d'écrire les adresses des lettres en mettant le numéro avant l'adresse : « 31, rue du Bac, » par exemple, je ne crus pas devoir adopter cette mode, qui avait eu immédiatement le plus grand succès.

On me fit des reproches ; je répondis en établissant qu'il n'était pas raisonnable de supposer que le facteur qui porte les lettres cherchât d'abord le numéro, et ensuite la rue ; que l'on devait, jusqu'à preuve contraire, supposer qu'il cherchait d'abord la rue, puis ensuite le numéro ; qu'un changement qui n'est ni un perfectionnement ni un développement ne mérite pas d'être adopté ; que, si on devait faire un changement dans la façon d'écrire l'adresse des lettres, il fallait le faire logique et commode, c'est-à-dire présenter au porteur de la lettre les renseignements dans l'ordre où il en aura besoin. Ainsi par exemple :

FRANCE

PARIS — Rue *Vivienne*, 2 *bis*.

Monsieur Michel Lévy.

« Mon cher Lévy, faites-moi envoyer, je vous prie, *l'Univers illustré*. »

Et je continuai à écrire ainsi mes adresses, faisant quelques prosélytes épars — quelque chose comme une secte.

Un jour, tous les journaux de Paris reçurent et publièrent une note de l'administration des postes, laquelle note priait le public de mettre l'adresse des lettres dans l'ordre logique que j'avais indiqué.

J'avais à peine eu le temps de prendre l'air triomphal qui convient à un réformateur, lorsqu'un nouvel avis vint contredire le premier et me remit à l'état de sectaire et de schismatique. Situation humiliante dans laquelle je me trouve encore aujourd'hui.

LES NOUVEAUX CANONS.

Il est certaines mauvaises passions inhérentes au cœur de l'homme qui ont besoin de trouver toujours un exutoire, et que l'on ne peut que régler et canaliser.

Ainsi le besoin de jouer, de gagner de l'argent sans travail, de prendre l'argent des autres, qui se traduit dans certaines classes de la société par le vol à *la tire,* au *bonjour*, au *rendez-moi*, à *l'américaine*, se manifeste un peu plus haut par la *vente à faux poids* de marchandises *sophistiquées*, — et, plus haut, par les *affaires*.

De même le besoin et le goût de couper des morceaux de son semblable, de lui enfoncer des choses pointues dans le ventre, de lui casser les bras et les jambes, de lui fêler le crâne, et de voir couler sa cervelle sur ses habits, le besoin et le goût de brûler les maisons, d'écraser les enfants contre les murailles et d'éventrer les femmes, — besoin et goût que les lois répriment et punissent quand on s'y livre individuellement, mais qui prennent des noms honnêtes et même glorieux quand on les satisfait en se réunissant cent cinquante mille; cela s'appelle « se couvrir de gloire » et « cueillir des lauriers. »

Il paraît que l'on est en train d'amener à sa plus haute expression l'art de s'entre-détruire. Un empereur vient d'imaginer un canon qui réunit les agréments du boulet aux charmes de la bombe, qui vous loge dans le corps de jolis petits boulets qui vous chargent vous-même comme un obusier; puis, dûment c'ar_é, vous faites explosion, et les morceaux de votre corps, devenus projectiles, tuent les gens qui vous entourent.

Pendant ce temps, un colonel américain invente des fusées qui dépassent de beaucoup la puissance meurtrière des canons et des bombes, et un capitaine anglais appellé Norton propose des projectiles à feu liquide ; s'il tombe de ce feu liquide sur un navire, la quantité que peut contenir une cuiller à café, le navire brûlera sans qu'il soit possible de s'y opposer, et les hommes qui le montent seront brûlés d'abord et ensuite noyés.

Heureusement qu'en même temps, un vacher d'Hennequille, ville en Normandie, vient d'inventer une nouvelle machine à battre le beurre, qui fait gagner deux heures sur quatre, et dépouille le lait plus complétement de tout son beurre.

En vérité, je vous le dis, le vacher d'Hennequille, aux yeux de Dieu, aux yeux de la philosophie, de l'humanité et du bon sens, est bien au-dessus des inventeurs de tous ces engins de mort dont je vous parlais tout à l'heure.

UN USAGE EN DANGER.

Un usage qui est destiné à disparaître, c'est l'usage de s'envoyer mutuellement de petits cartons au premier jour de l'an. — Je ne crois pas que l'amour et l'amitié y perdent beaucoup.

C'est une de ces manifestations peu significatives qui rentrent dans la classe de celle qui fait que, dans l'ordre officiel, l'on envoie des voitures vides à la suite d'un enterrement; ce qui est exactement la même même chose que si un homme, n'ayant pas de voiture, — il y en a encore quelques-uns, — s'avisait de faire porter derrière un corbillard ses bottes sur un coussin de velours noir.

Certes, à un autre point de vue, ce n'était pas une idée sans grâce et sans bonté que celle qui consistait à se visiter mutuellement au renouvellement de l'année, à faire un échange de souhaits et à renouveler un pacte de bonnes relations pour la durée de l'année commençante. — Comme il pouvait arriver qu'on ne rencontrât pas chez eux des gens pour lesquels on n'avait qu'une tendresse modérée, ou avec lesquels on n'avait pas de relations habituelles, on imagina naturellement de laisser son nom chez l'absent.

Mais faire porter par la poste un morceau de carton chez ses connaissances ! il faut reconnaître que, si la politesse n'est qu'une imitation de la bonté, de la charité et de la bienveillance, on en est arrivé à une imitation libre, et aussi peu ressemblante que possible.

Cependant, d'une personne chérie, on aime mieux quelquefois — pas moi — avoir un portrait mal fait que de ne pas posséder son image. Il n'y aurait donc pas eu d'inconvénient à conserver cet usage amoindri jusqu'à sa plus simple expression, — qui consiste à prier M. Bidault d'envoyer ses agents porter un morceau de carton chez ses connaissances, lesquelles obtiennent facilement de M. Bidault qu'il vous fasse reporter par les mêmes agents un morceau de carton identique.

Mais, aujourd'hui, tout le monde connaît tout le monde; on n'a plus comme autrefois chacun son cercle plus ou moins étendu d'amis et de connaissances. J'ai rencontré, pendant tout un hiver, un homme dans quinze maisons sans qu'aucun des maîtres de ces quinze maisons pût seulement me dire son nom.

Les raouts ont amené nécessairement quelques transformations dans les usages.

Ainsi, dans les anciennes formes de la société française, le maître du logis était responsable de ses convives et de ses invités vis-à-vis les uns des autres ; il garantissait, par le fait de la présence dans son salon, la bonne éducation, les bonnes manières, la probité de chacun de ses invités vis-à-vis des autres. Cela permettait une confiance et une familiarité de bon goût qui ont dû disparaître avec l'invasion des raouts, avec la substitution de la foule à la société, et amené l'usage des présentations dans un salon.

Aujourd'hui, il y a un assez grand nombre de maîtres de maison, à Paris, qui, s'ils recevaient des cartes de toutes les personnes qui sont entrées chez eux, y ont mangé, dansé, causé, recevraient trois à quatre mille cartes. Un bien plus grand nombre en recevraient douze à quinze cents.

Or il y a à peu près impossibilité à une seule personne de renvoyer quatre mille cartes sans commettre d'erreurs et d'omissions, eût-on un secrétaire spécial pour s'occuper de cette opération. Plus le nombre de cartes envoyées serait grand, plus il serait facile de faire des oublis, et plus les oublis seraient cependant blessants. « Comment! sur trois mille neuf cent quatre-vingt-dix-neuf cartes, il n'y en a pas une pour moi! Comment! je ne fais pas partie des trois mille neuf cent quatre-vingt-dix-neuf personnes auxquelles on veut montrer de la considération! Comment! il y a dans l'opinion de M*** trois mille neuf cent quatre-vingt-dix-neuf personnes qui passent avant moi! »

Qu'arrive-t-il? C'est qu'un certain nombre de gens qui se trouvent dans ce cas ont renoncé à envoyer et, qui plus est, à rendre des cartes.

Or envoyer des cartes à des gens qui ne vous en rendraient pas, ce serait un aveu d'infériorité, d'humilité. Par suite de quoi, d'ici à deux ans, il ne s'enverra plus de cartes.

LE MAGNÉTISME ET LES ESPRITS.

On m'envoie de tous côtés des lettres et des ouvrages sur le magnétisme, les esprits, les médiums, etc.

Cela vient à l'appui des raisons que j'ai données pour que cette question soit résolue par les corps savants.

Ainsi, de M. Auguez, je reçois un volume: *les Manifestations des esprits;* provisoirement j'en extrais l'anecdote que voici :

« Madame du B..., étant enceinte depuis peu de mois, alla passer quelque temps au château de ***, près d'Albert en Picardie. Un jour, au sortir du dîner, elle se promenait au jardin, en compagnie de plusieurs personnes. Elle remarqua, sur un groseiller rouge, une belle grappe qui lui donna le désir d'y goûter. Madame du B... s'apprêtait à satisfaire ce désir ; mais la pensée qu'elle s'attirerait peut-être, sur sa situation, des plaisanteries qu'elle voulait éviter, lui retint la main, qu'elle porta à son front comme quelqu'un qui se résigne avec regret. Les mois s'écoulèrent. Au terme de sa grossesse, madame du B... accoucha d'une fille très-bien conformée, sauf que le visage était imprimé de la malheureuse grappe, d'une très-vive couleur pourpre. La grappe commençait au milieu du front, descendait sur la joue gauche, qu'elle couvrait aux trois quarts de sa hauteur. C'était un masque affreux. Madame du B..., au désespoir que sa petite fille fût ainsi défigurée, entreprit une neuvaine et fit bénir les linges qui servaient à l'enfant. Au bout de neuf jours, la grappe n'était plus qu'une ombre de son apparence première ; le reste s'effaça jusqu'au dernier vestige. »

J'ai souvent remarqué, à propos des *envies,* qu'elles ne reproduisent que des choses rouges ou brunes ; que, si les femmes désirent quelquefois des fraises ou du café, elles désirent plus souvent encore des cachemires bleus, des améthystes, des émeraudes, etc., et que c'est dans cette seconde classe d'envies que se trouvent celles qui sont satisfaites le moins facilement ; d'où il suit que je ne crois pas aux envies.

Ajoutons deux opinions — qui me paraissent ne

pas faire une chose permise du dédain des académies :

Laplace, *Théorie analytique du calcul des probabilités*, a dit :

« Les phénomènes singuliers qui résultent de l'extrême sensibilité des nerfs, dans quelques individus, ont donné naissance à diverses opinions sur l'existence d'un nouvel agent que l'on a nommé *magnétisme animal*. Il est naturel de penser que la cause de cette action est très-faible, et peut être facilement troublée par un grand nombre de circonstances accidentelles ; aussi, de ce que, dans plusieurs cas, elle ne s'est point manifestée, on ne doit pas conclure qu'elle n'existe jamais.

« Nous sommes si éloignés de connaître tous les agents de la nature et leurs divers modes d'action, QU'IL SERAIT PEU PHILOSOPHIQUE DE NIER L'EXISTENCE DE PHÉNOMÈNES UNIQUEMENT PARCE QU'ILS SONT INEXPLICABLES DANS L'ÉTAT ACTUEL DE NOS CONNAISSANCES. »

Cuvier a écrit dans ses *Leçons d'anatomie comparée* :

« Dans les expériences qui ont pour objet l'action

que les systèmes nerveux de deux individus peuvent exercer l'un sur l'autre, il faut avouer qu'il est très-difficile de distinguer l'effet de l'imagination de la personne mise en expérience, d'avec les faits physiques produits par la personne qui agit sur elle.

« Cependant, les effets obtenus de ces personnes déjà sans connaissance avant que l'opération commençât, ceux qui ont lieu sur d'autres personnes après que l'opération était commencée, ceux qui ont lieu sur d'autres personnes après que l'opération même leur a fait perdre connaissance, et ceux que présentent les animaux, ne permettent guère de douter que la proximité de deux corps animés, dans certaine position et certains mouvements, n'ait *un effet réel indépendant de toute participation de l'imagination d'un des deux*. Il paraît assez clairement aussi que ces effets sont dus à une communication quelconque qui s'établit entre leur système nerveux. »

LES POISSONS ET LES SAVANTS.

Je me suis occupé quelquefois de la pisciculture, mot nouveau pour une science déjà ancienne ; on en trouve des traces dès le quatorzième siècle.

Lacépède donne, au sujet du transport des poissons et de la fécondation presque artificielle, des renseignements très-complets et très-exacts.

Il y a quelques années, J. Remy, pêcheur de la Bresse, qui n'avait pas lu Lacépède ni aucun autre livre, je pense, a parfaitement réussi dans des essais de fécondation et d'acclimatation des truites et des saumons.

Alors les savants se sont rués sur les poissons en repoussant du coude les profanes.

M. C... a inventé d'acclimater et d'aller chercher tous les poissons que Lacépède avait conseillé d'introduire ; seulement, dans sa précipitation, il a confondu et apporté certains poissons que Lacépède avait conseillé de ne pas admettre dans nos étangs et nos

rivières, qu'ils ne seraient bons qu'à dépeupler. M. V...
n'a pas cité Lacépède; mais il s'est fait donner une
mission rétribuée ou du moins indemnisée.

M. C... s'est substitué au pêcheur Remy, et voici
sans doute ses raisons :

On se rappelle cette femme qui, voyant de beaux
arbres et de vertes pelouses, disait :

— Quel dommage qu'on ne voie ces choses-là qu'à
la campagne !

A Sparte, s'il arrivait qu'un homme de vertu médiocre émît un avis utile à la République, on chargeait
un homme de haut mérite de reprendre la proposition et de la présenter au peuple.

M. C... se sera dit à lui-même :

— 1° Ce n'est pas sous les saules, au bord des fleuves, que l'on pêche des chaires et des pensions; il faut
élever des saumons et des truites à Paris, dans des
carafes; 2° un homme illettré s'avise de précéder les
savants dans une science, — dans une science utile;
c'est un scandale comme de voir les épiciers vendre
des parapluies. Du temps des maîtrises, on vous aurait
fourré ce gaillard dans un cul de basse-fosse; 3° je

prends mon bien où je le trouve, et je serai le père des poissons.

D'autres savants se sont établis concurrents de M. C...

Jusque-là, peut-être, il n'y aurait pas grand mal, car je crois que le pêcheur Remy a été quelque peu récompensé. Tous ces savants cherchant concurremment doivent faire faire des pas à la science, qui rendra le poisson et le bon poisson une nourriture abondante et commune, et qui repeuplera nos rivières désertes.

Voyons donc ce qu'ont trouvé MM. les savants. Il s'est formé récemment une société dont le but est éminemment utile et sérieux : l'acclimatation des animaux utiles. Je lui reprocherai cependant d'être purement zoologique et de n'avoir pas consacré ses soins également à l'acclimatation des légumes et des fruits.

Dans une des séances de cette société, M. C..., de l'Institut, tire de sa poche des saumons, de grandes truites; — petites, il est vrai, mais de l'espèce des grandes, — un saumon du Danube qui arrive à une longueur de six pieds et à un poids de cent livres, mais ne pourra accomplir ces conditions dans les cuvettes de M. C...; plus, une petite claie d'osier. *C'est une acquisition très-précieuse* pour les œufs de poisson. Quelques personnes, y compris le bon Dieu, les font à tort éclore sur du sable; — d'autres sur des claies de métal.

M. C... a perfectionné cela. Il met ses œufs sur des claies d'osier. Le sable est arriéré, la claie de métal est absurde.

— Quelques rivaux font voyager les œufs aussitôt après leur fécondation. C'est vouloir détruire le poisson. Je les envoie parvenus au terme de leur développement, etc. Je les mets dans des végétaux humides.

M. M..., qui rêve de l'Institut, où il sera porté sur le dos des poissons comme Arion sur son dauphin, répond :

— Transporter les œufs de saumon au terme de leur développement, c'est se montrer l'ennemi du poisson et l'assassiner. Envelopper les œufs dans des végétaux humides est absurde ; je les mets dans des linges mouillés.

« Ce n'est pas M. C... qui a inventé les claies pour faire éclore les œufs, c'est moi.

« Les claies en osier sont ignobles. Les claies en métal seules doivent être admises.

« Le saumon ordinaire présenté par M. C... n'est pas un saumon ordinaire, c'est un saumon bécare (*salmo hamatus*).

« Ces espèces n'ont pas besoin d'être acclimatées; elles fréquentent naturellement nos eaux. Quant au saumon du Danube, cette précieuse acquisition, suivant M. C..., est un très-fade et très-mauvais poisson. »
— J'ai dit.

— Ah! ah! s'écrie M. C..., j'entends de belles choses, des choses tout à fait nébuloniennes. Je comprends qu'on ait placé dans la Fable la Vérité auprès d'un puits.

IL FAUT EN FINIR AVEC LES VIOLONS.

On lit dans la *Gazette des Tribunaux* du 9 mars :
« Hier, dans la journée, on avait conduit au poste

de la mairie du VIe arrondissement, sous l'inculpation
du vol d'un porte-monnaie contenant une trentaine
de francs, une femme de quarante-cinq ans, disant
se nommer Catherine B..., qui avait été placée provisoirement au violon. Un peu plus tard, vers cinq
heures de l'après-midi, on ouvrit la porte du violon
et l'on appela cette femme pour la conduire devant le
commissaire de police de la section Saint-François.
Ne recevant pas de réponse, on pénétra à l'intérieur,
et ce fut avec autant de surprise que de frayeur
qu'on s'aperçut que la prévenue s'était pendue à
l'espagnolette d'une petite fenêtre ménagée à la partie
supérieure. Pour exécuter son sinistre projet, elle
était montée sur un baquet, et, après avoir fixé à
l'espagnolette l'extrémité d'un mouchoir de coton
passé autour de son cou et serré par un nœud cou-
lant, elle avait quitté le baquet et était restée suspendue à côté.

« On s'est empressé de couper le lien, et, comme le
corps était encore chaud, on a appelé un médecin,
qui est venu immédiatement pour donner des secours
à la victime s'il en était encore temps; malheureuse-

ment, le docteur n'a pu que constater que cette femme avait cessé de vivre depuis dix minutes environ. Son cadavre a été envoyé à la Morgue. »

Il y a quelque chose comme une quinzaine d'années que j'ai donné pour la première fois un moyen de rendre impossibles ces accidents, qui sont très-fréquents. Il ne se passe pas une année sans que deux ou trois suicides de ce genre aient lieu à Paris. Ce moyen est simple : au lieu de fermer la prison appelée *violon* qui se trouve au corps de garde, par une porte pleine, fermez-la par une grille qui laisse les prisonniers toujours sous les yeux des hommes de garde. C'est simple, c'est facile; eh bien, cela ne se fait pas.

En quinze ans, — ce n'est pas un calcul difficile — vingt-cinq ou trente personnes au moins se sont tuées dans les *violons.*

Ces faits sont d'autant plus tristes que ce ne sont jamais des brigands de profession qui se livrent à de pareils actes de désespoir pour de grands crimes auxquels la loi appliquerait la peine de mort.

Non ; ce sont des gens arrêtés le plus souvent en

état d'ivresse, pour une peccadille ou un délit passible tout au plus de l'emprisonnement. L'excitation de l'ivresse est pour une partie dans ces déterminations funestes.

Mais la honte de l'arrestation y entre pour une part beaucoup plus grande encore.

Il est temps que cela finisse ; je prie mes confrères des journaux de reproduire tous le présent article pour éveiller enfin l'attention de l autorité.

UN PHÉNOMÈNE.

Les chroniques et les journaux sont remplis de détails sur les bals masqués qui se sont donnés en grand nombre à Paris, aux Tuileries, chez les ministres, etc.

Un journal quasi officiel, racontant les merveilles de celui qui a eu lieu aux Tuileries, signale — on le croira sans peine — beaucoup de choses surprenantes ; je n'en signalerai qu'une, parce que je ne veux parler de ces solennités que comme jardinier.

« Mesdames ***, déguisées en fleurs, distribuaient, avec leurs plus gracieux sourires, des roses et des dahlias. »

Je n'y étais pas — pour plusieurs raisons; — eh bien, j'affirme à mon confrère en journalisme que je crois aux sourires et à la beauté de ces dames; mais aussi j'affirme qu'elles n'ont distribué que peu de roses et pas du tout de dahlias.

FÊTE DE CARNAVAL.

Deux notes que je lis dans les journaux m'inspirent certaines réflexions et certaines idées dont je vais causer avec mes lecteurs.

Il s'agit de la promenade annuelle des deux bœufs gras et de la déclaration que, sur la demande de l'Autriche, viennent de faire la Prusse et la Bavière, que, jusqu'à nouvel ordre, l'exportation des chevaux est complètement prohibée. — Nous ne tarderons pas à voir le rapprochement.

Trois bœufs gras montés sur des chars et traînés

par des chevaux ont parcouru la ville de Paris comme de coutume. Ils étaient entourés de sauvages, de druides, de seigneurs espagnols, de turcs avec un soleil dans le dos, etc., etc. — Un quatrième char montrait Vénus, Jupiter, le Temps, Mercure, etc. — Si je me souviens encore des belles bouchères qui ornent de leurs riches attraits les comptoirs des étals de Paris, si je n'ai pas oublié quelle opulente carnation donne à ces divinités l'odeur des sacrifices et les émanations des victimes, je vois d'ici une Vénus dépassant en ampleur et en coloris les Vénus de Rubens; je me fais facilement une idée des autres divinités de cet Olympe ambulant. — A-t-on pensé à faire jouer le rôle de Mercure à celui de MM. les bouchers qui aura été pendant l'année le plus sévèrement puni pour vente à faux poids, abus de réjouissance, etc.?

Eh bien, ce spectacle est parfaitement puéril et ridicule.

Avec certaines modifications, ce pourrait être la fête la plus belle, la plus magnifique, la plus morale, la plus philosophique qui se soit jamais donnée.

Permettez-moi d'improviser ici le programme d'une fête destinée à remplacer la mascarade usée et ridicule que vous venez de voir.

Nous supposons une année sans brochure — et un beau temps.

Il est dix heures du matin; des tentes et des pavillons ont été, dès la veille, préparés au Champ de Mars.

Sous un de ces pavillons est le chef de l'État avec le ministre de l'agriculture. Les autres ministres, qui jouent, ce jour-là, un rôle secondaire, sont dans d'autres tribunes avec les principaux dignitaires et fonctionaires publics, — les académies et tous les personnages illustres ou célèbres, grands ou élevés, présents à Paris.

Toutes les cloches des églises sonnent à grandes volées.

C'est la fête de l'agriculture.

L'archevêque de Paris, sur un autel rustique, offre à l'Être suprême des actions de grâces et des prières, et appelle la bénédiction sur les ouvriers et sur les biens de la terre.

Le chef de l'État prononce quelques paroles, où il ne dit pas aux agriculteurs : « Votre humble profession. » Il exalte, au contraire, la grandeur, la puissance, l'utilité et le bonheur du métier d'agriculteur. Ce discours de quelques lignes, imprimé d'avance, est répandu dans la foule. Puis il distribue quelques croix d'honneur et quelques autres récompenses honorifiques aux agriculteurs, aux éleveurs, aux jardiniers qui se sont le plus distingués dans leur profession.

Alors a lieu un défilé qui, commençant devant les tribunes, fait le tour du Champ de Mars, puis gagne les Champs-Élysées et parcourt tous les boulevards jusqu'à la colonne de Juillet, où un caravansérail reçoit tout le cortége, qui y trouve un repas et du repos pour les hommes et pour les animaux. Sur le premier char, un corps de musique exécute une cantate en l'honneur de l'agriculteur qui a obtenu le prix d'un concours annoncé un an d'avance chaque année, jusqu'à ce qu'un poëte et un musicien inspirés aient enfin trouvé *la Marseillaise* de l'agriculture.

Ensuite passent sur des chars les plus beaux étalons, les plus belles juments primés pendant l'année dans les concours régionaux. Auprès d'eux sont, non pas ceux qui les ont achetés pour les revendre, mais ceux qui les ont élevés et ceux qui en ont pris soin. Ils sont dans les costumes de leur pays et de leur profession. Il n'y aura pas là seulement des chevaux de course, c'est-à-dire des chevaux de jeu ; il y aura des spécimens des belles races encouragées enfin intelligemment, qui faisaient autrefois un des plus riches produits du sol français : les chevaux de trait, de messageries, de carrosses; les chevaux pour la cavalerie, etc. — Quelques années de ce régime, et ensuite ce ne sera plus une menace et une machine de guerre contre la France que la prohibition de la sortie des chevaux de l'Allemagne.

Paraissent ensuite les plus beaux taureaux, les plus belles vaches laitières, les plus beaux bœufs engraissés ; puis, toujours groupés sur des chars, les moutons, les chèvres, les ânes, les mulets, les porcs, les volailles, etc., — conduits sur les chars, entourés à à pied et à cheval par les vrais éleveurs, les vrais paysans, les bergers, les bergères, qui les ont élevés, nourris, soignés; tous en costume propre, mais en costume de leur pays et de leur profession : les honneurs étant pour ceux qui élèvent les animaux et non pour ceux qui les tuent. Quelques bouchers cependant sont admis au cortége; mais il faut qu'ils n'aient jamais vendu à faux poids, qu'ils n'aient subi aucune condamnation.

Ensuite de beaux échantillons de blé, de maïs, d'orge, de seigle, de sarrasin.

Les plus beaux légumes, les plus beaux fruits jugés dignes par un jury d'hommes spéciaux d'être exposés à l'admiration et à la reconnaissance publiques.

Des chars chargés de fleurs et de végétaux précieux, de primeurs, etc.

Le défilé terminé, le chef de l'État, les fonctionnaires et les personnages invités à la fête montent en voitures découvertes et se mettent à la suite du cortége.

Ce n'est qu'à la fin du jour que l'on arrive au caravansérail préparé; à la table du chef de l'État dînent tous ceux des cultivateurs, éleveurs, paysans, jardiniers, garçons de ferme, etc., qui ont obtenu les récompenses honorifiques.

On illumine les édifices publics; on a invité les particuliers à illuminer leurs maisons.

Et on a remplacé une fête grotesque, inutile, ridicule, par une solennité grande, belle, noble et morale.

Lorsque le roi Louis-Philippe était sur le trône de France, entouré de cette belle famille qui semblait en possession de l'avenir, je demandai un jour pourquoi tous ces jeunes princes, qui, du reste, ont tous fait noblement et bravement leur métier de soldat, je demandai pourquoi ils étaient tous soldats. J'aurais voulu que l'un fût prince de l'agriculture, l'autre prince des lettres, l'autre prince des beaux-arts, un autre de l'industrie, etc., — c'est-à-dire que chacun de ces brillants jeunes gens fût à la tête d'une des forces vitales du pays.

A propos, comme il y a des gens qui ne peuvent se passer de mythologie, on pourrait, au moins transitoirement, faire composer par un peintre un beau tableau vivant pour remplacer l'Olympe à quatre roues qui se promène traditionnellement par les rues.

Cérès, couronnée d'épis, très-élevée au-dessus des autres personnages, ayant, groupés au-dessous d'elle, Mars, Vulcain, Mercure, etc., et leur distribuant ses dons et ses largesses.

LE TÉMOIN.

Que les choses ne se passent pas dans les cours comme ailleurs, je le veux bien; que les princes et les rois aient des priviléges de toute nature, c'est une vérité que je dois reconnaître, que je le veuille ou non.

Cependant il est, devant la grammaire et le bon sens, des prétentions qu'il est impossible d'admettre.

Il est né un fils au prince Frédéric-Guillaume de Prusse; on a baptisé le jeune prince, et, à ce sujet, on écrit de Berlin au journal *le Nord* :

« C'est hier, à une heure de l'après-midi, qu'a eu

lieu, dans la chapelle du château royal, la cérémonie solennelle du baptême du jeune prince fils de Son Altesse royale le prince Frédéric-Guillaume de Prusse.

« Les *témoins présents* étaient : Leurs Altesses royales le prince et la princesse de Prusse, le prince et la princesse Charles, les princes Adalbert père et fils, les princes Alexandre, Georges et Adalbert de Prusse.

« Les *témoins absents* étaient : Sa Majesté la reine de la Grande-Bretagne et le prince-consort, l'empereur et l'impératrice mère de Russie, le roi de Hanovre, le roi des Belges. »

J'accepte les témoins *présents*; je n'ai rien à dire contre eux; ce sont gens de haute naissance et de grand nom; mais, plus que tout cela, ils sont présents.

Quant à ce qui est des témoins *absents*, qui sont pour le moins d'aussi haut rang, sans être peut-être d'aussi bonne maison, au point de vue des conventions héraldiques, — je suis désespéré de leur refuser quelque chose, mais je ne puis les admettre en cette qualité.

S'ils sont empereurs, rois, reines, tout ce qu'ils voudront — qu'ils aient des armées, des flottes, beaucoup d'argent dans leurs coffres et dans ceux de leurs sujets ; — mais, sans manquer en rien aux égards et aux respects qui leur sont dus, je maintiens qu'ils ne peuvent être à la fois témoins et absents, — de par la grammaire, la logique et le sens commun, auxquels les plus grandes majestés sont forcées de se soumettre.

BASTIEN.

Les noms des trois bœufs gras ont été diversement commentés.

Le baptême des bœufs gras et les noms qu'on leur donne représentent toujours chaque année les préoccupations du moment.

Lombard, — *Turin,* — *Bastien.*

Les deux premières victimes touchent à la politique, je n'en veux pas parler.

Bastien appartient à la morale et à la philosophie.

Un signe s'est manifesté qui n'est ni une comète, ni une planète, ni une corneille à gauche.

..... *Sinistra cavd prædixit ab ilice cornix.*

Ce signe est une chanson qui, sans rime ni raison, est devenue subitement populaire :

Bastien a des bottes!

Qui donc dansera et quelle danse exécutera-t-on sur cet air? qui le sait? Mais cette chanson n'est pas venue pour rien. Les journaux ne m'en ont apporté que le refrain; je ne la sais pas; je voudrais pourtant bien la connaître. Mais bien! — voici qu'on me l'envoie de Paris.

Chanson.

Autrefois, les plus riches avaient des sabots et le plus grand nombre en désirait; alors c'était un peuple hardi et belliqueux, ami des aventures et des beaux combats. Est-ce Plaute qui disait de lui : « Il n'y a pas de guerre sans un soldat gaulois? *Nullum bellum sine milite gallo.* » N'est-ce pas Tacite qui écrivait : « Ils aiment mieux faire déchirer leurs corps par des blessures que la terre par le soc de la charrue? »

Mais, aujourd'hui, il a des besoins; il lui faut de l'argent. Il lui en faut beaucoup; peu lui importent les lauriers, les palmes, les victoires; peu lui importe la liberté si cela fait baisser la bourse, si cela vient compromettre les échéances du 15 ou du 31.

Il est devenu raisonnable, il a abandonné les idées chevaleresques.

Il a des bottes, Bastien, il a des bottes!

———

Celui-ci était autrefois un grand révolutionnaire; on le voyait dans toutes les émeutes, non pas au premier rang, mais on l'y voyait. Il savait par cœur, sans trop bien les comprendre, les phrases propres à exciter les passions populaires. Tout allait mal selon lui, et c'était la faute du pouvoir.

Aujourd'hui, tout va bien; il ne veut plus qu'on change rien à ce qui existe; le progrès doit s'arrêter, là est le sommet; le moindre pas ferait non-seulement descendre, mais dégringoler. — Assez de luttes, assez de misères; vivons maintenant en paix.

Il a des bottes, Bastien, il a des bottes!

———

Cet autre passait par la ville, pauvre, maigre et chétif et ignoré; il a trouvé un protecteur; de ce protecteur qui a été pour lui un frère, il a usé tant qu'il a pu ; puis...

— Ah ! je sais l'histoire, dites-vous en m'interrompant ; quand le citron a été pressé, il a jeté le citron ; quand le vin a été bu, il a cassé la bouteille.

— Vous ne savez pas, et vous avez eu tort de m'interrompre.

Quand le citron a été pressé, quand le vin a été bu, il a eu envie de jeter le citron et la bouteille à la tête de son hôte ; mais l'hôte le regardait, il n'a pas osé ; puis il a pensé qu'il avait encore un parti à en tirer ; il a fait comme Judas : à la fin de la cène, il est allé le vendre aux pharisiens.

Il est allé se faire d'autres protecteurs et d'autres hôtes en trahissant et en calomniant le premier.

Il a des bottes, Bastien, il a des bottes !

Qu'il n'oublie pas cependant qu'il y a quelqu'un qui en a aussi..., au moins une.

—

Il était vieux, il était laid, il était nègre ; il n'avait ni génie, ni talent, ni bravoure ; un jour, il s'est fait riche, il s'est fait beau, il s'est fait empereur, il s'est fait blanc; puis, un autre jour, on l'a renvoyé. Il a dû avoir des bottes ce jour-là, et les bottes de sept lieues de l'ogre dont il avait déjà la voracité. Il n'est plus empereur; mais il sera encore jeune, beau et blanc, car il a des bottes, Bastien, et surtout il a pour vingt millions de foin dans ses bottes !

—

Il lui fallait, quand elle était jeune et belle, vingt mètres de moire pour balayer les rues; aujourd'hui, sa beauté est fanée; il faut balayer ces mêmes rues avec un balai de six liards. Elle a des bottes, Bastienne, elle a des bottes d'allumettes à vendre, et on ne les lui achète pas.

LE DIABLE ET LES ÉVÊQUES.

Les tables tournantes, les esprits frappeurs excitent toujours beaucoup de controverses. Ceux qui ne croient pas accusent les autres de crédulité; ceux qui croient reprochent aux incrédules de manquer de fluide.

Les tables tournent-elles? les tables ne tournent-elles pas?

La question a été décidée par une autorité presque infaillible, par une autorité quasi œcuménique. Plusieurs évêques ont décidé qu'elles tournent, qu'elles parlent et qu'elles prédisent l'avenir.

En effet, monseigneur Félix, évêque d'Orléans, qui a le premier défendu à ses ouailles de consulter les tables tournantes, a eu des imitateurs; d'autres évêques se sont joints à lui et ont publié des mandements à ce sujet.

Or, il est évident que, si ces savants prélats ne considéraient les tables tournantes que comme un jeu puéril ou une mystification, ils ne prendraient pas la peine de faire de mandements contre elles, — pas plus qu'ils n'en font contre les toupies et contre les affaires de tout genre. — Ils pensent donc que les tables tournent en réalité et prédisent l'avenir. Ils pensent que les tables ont le diable au corps, et que c'est le malin esprit qui se loge dans ces meubles, autrefois honnêtes.

Eh bien, je me permettrai de faire observer à messeigneurs les évêques, auteurs de ces mandements, qu'il était impossible de rien imaginer de plus propre à confirmer et à augmenter la vogue des tables tournantes.

La seule chose qui pût leur faire du tort était de démontrer une supercherie, de prouver que ceux qui consultent les tables sont mystifiés, d'établir que les tables ne tournent pas, ou qu'elles tournent sous une pression adroitement dissimulée. Mais affirmer qu'elles tournent, reconnaître qu'elles recèlent le diable, c'est accroître leur clientèle, c'est assurer leur vogue, c'est leur faire des convertis, des dévots, des cagots, c'est les traiter en culte dont elles seront à la fois l'idole et l'autel.

Comment ces prélats ne comprennent-ils pas l'imprudence de leurs mandements, eux qui savent mieux que personne combien de gens professent dans leur cœur le culte du malin? C'est lui permettre d'ouvrir boutique; que dis-je? c'est l'aider.

En effet, parmi les prières louables, ne peut-il pas s'en glisser quelques-unes qui, adressées en apparence à Dieu, ne sont faites en réalité que pour l'esprit des ténèbres? Je parle de celles qui auraient pour objet : d'hériter bientôt d'un parent riche; de gagner un procès injuste; de détourner de ses devoirs la femme du prochain; d'appeler un malheur sur la tête de quelqu'un, même sur celle des hérétiques.

A coup sûr, ces prières ne montent pas au ciel; le poids de leur grossièreté les entraîne vers l'abîme, où Satan les reçoit et les exauce volontiers.

Quand les femmes vont à l'église pour montrer leurs robes neuves et critiquer les robes des autres femmes; quand elles s'agenouillent en donnant à leur taille et à leurs formes la grâce et les attitudes les plus capables de fixer l'attention des fidèles de l'autre sexe; quand, tout en priant Dieu, elles ne négligent rien pour le faire oublier, croyez-vous que ces prières, même dites en latin, parviennent jusqu'au trône de l'Être suprême?

Non, non. Toutes les prières sont triées et vannées par les anges qui planent au-dessus des églises; ils prennent les prières impures, les prières seulement marmottées des lèvres, les prières contre le prochain, les prières hypocrites, et les rejettent comme de viles épluchures que le diable ramasse.

Quand un homme donne à sa femme des conseils contre un homme en particulier, c'est se créer un rival. Il n'est pas plus prudent de dire : « N'allez pas là ; là est Satan ; là est le danger ; » à moins qu'on n'ait l'intention de combler une bonne fois l'enfer.

UNE LOI FÉROCE.

Dans les fissures de cette muraille sont appendues des coques filées par des chenilles ; dans cette coque, la chenille s'est transformée en chrysalide, puis elle a dormi quelques mois ; mais un chaud soleil printanier vient éclairer la muraille, les coques se fendent, s'entr'ouvrent et livrent passage à des papillons qui s'épanouissent dans l'air comme des fleurs vivantes emportées par le vent.

Il en est de même des idées ; — d'abord humbles, d'une forme douteuse, se traînant sur beaucoup de courtes pattes, elles traversent presque en rampant des chemins poudreux où elles risquent à chaque instant d'être écrasées sous les pieds.

Puis elles se nichent dans quelques cervelles humaines, où elles doivent subir une incubation qui s'étend d'un certain nombre de jours à un certain nombre d'années ou de siècles, selon leur espèce.

Puis, sous un rayon, elles apparaissent tout à coup en l'air, vivantes, et avec des ailes, et font resplendir leurs couleurs au soleil et sur le fond bleu de l'air.

Ces idées sont en l'air; les écrivains, les poëtes, les journalistes, les hommes d'État, les législateurs qui sont en chasse, leur filet de gaze à la main, les attrapent comme ils peuvent.

Et il arrive parfois que plusieurs attrappent la même, parce que l'on chasse précisément au jour où le papillon, hier chrysalide, vient de percer sa coque, qui abritait sa transformation.

Ainsi, dernièrement j'écrivais ceci, à propos d'une loi qui met en France le débiteur étranger à la discrétion de son créancier :

Il est dans notre code commercial une loi qui a le défaut de rappeler celles de la Tauride, où l'on sacrifiait les voyageurs aux faux dieux; et les lois non écrites de certains pays où on les mange. Nous ne sommes plus au temps où le Français, qui ne voyageait pas et ne savait que sa langue, considérait les voyageurs comme des êtres d'une nature différente, des monstres, des gens surtout à la place desquels on n'avait pas beaucoup de chance de se trouver, et auxquels, sans grand danger de représailles, on pouvait appliquer des lois exceptionnelles et féroces.

Mais, aujourd'hui, grâce aux chemins de fer, le Français voyage déjà un peu, et, grâce à l'accroissement des besoins, il voyagera bientôt comme l'Anglais et l'Américain.

J'appuie sur cette seconde cause de voyage; car, sans cela, le Français, en général, n'est pas voyageur, et ne le sera peut-être jamais pour son plaisir; et cela s'explique facilement quand on veut bien considérer que la plupart des habitants des autres pays qui voyagent, voyagent surtout pour venir en France et à Paris.

Donc, les Français sont et seront plus exposés que les autres à voyager avec peu ou point d'argent.

Cette loi même hostile aux étrangers a été également établie dans d'autres pays, probablement à l'exemple de la France. Il appartient à la France de donner l'exemple de l'abrogation. On l'a dit à propos des révolutions et on peut le dire à bien d'autres propos, en bien ou en mal :

« Quand la France joue du violon, le monde entier se met à danser. »

Il ne faut pas plaisanter avec la liberté.

Eh bien, depuis l'époque où je parlais ainsi, plusieurs prisonniers, victimes de la loi dont je demandais l'abrogation, se sont adressés aux cours souveraines, et, dans les arrêts qui ont été rendus, tous en faveur des prisonniers, ces tribunaux ont sans cesse, par leurs considérants, reconnu la férocité de la loi (laquelle, du reste, a déjà été adoucie en 1848), et la nécessité de l'interpréter toujours dans le sens le plus favorable aux prisonniers.

Il est curieux de voir qu'il faut reporter à cette date de 1848, si calomniée, l'abrogation de la peine de mort en matière politique — et le premier adoucissement apporté aux lois qui concernent les étrangers.

M. LUTTERBACH — L'ART DE RESPIRER.

M. Lutterbach est mort.

Tous les chroniqueurs se sont emparés de M. Lutterbach.

M. Edmond Texier est allé jusqu'à dire que M. Lutterbach était une de mes victimes ; M. Lutterbach, qui m'a dédié la seconde édition de ses œuvres !

Je reprends mon Lutterbach où je le trouve.

On a donné au public, depuis huit jours, beaucoup de renseignements erronés sur M. Lutterbach.

Moi qui l'ai trouvé obscur et l'ai fait célèbre — je dois rectifier les faits et fixer les esprits sur la mémoire de Lutterbach.

Lisez donc.

Avant de connaître Lutterbach, c'est-à-dire jusqu'en 1853, je ne savais pas respirer.

Jusque-là, j'avais respiré assez négligemment ; j'avais compté sur l'instinct de l'animal, et je m'étais livré à une respiration sans principes, à une respiration incorrecte, à une respiration sauvage.

Mes yeux furent dessillés.

M. Lutterbach venait de publier un livre sur l'art de respirer, il donnait la syntaxe de la respiration.

Je gage que vous ne savez pas comment vous respirez, ni ce que vous faites en respirant. Ne soyez pas honteux de votre ignorance; j'étais comme cela avant 1854; je respirais en ignare, en brute, sans réflexion, sans art.

Comme vous, je me disais : La respiration se compose de deux temps : 1° l'inspiration, pendant laquelle entre dans les poumons l'oxygène qui se combine avec le sang; 2° l'expiration, par laquelle les poumons se débarrassent de l'acide carbonique produit par la combinaison de l'oxygène avec le carbone du sang.

Vous vous contentiez, comme moi, de savoir qu'il vous fallait environ sept cent quatre-vingt-six litres d'air par heure.

Connaissances tout à fait sommaires et insuffisantes. — Jusqu'ici, le monde n'a pas respiré ou a mal respiré : voilà pourquoi tant de grands génies, tant d'éloquents journalistes, tant de dithyrambiques faiseurs d'odes, de cantates et d'épopées, paraissent parfois manquer d'haleine et tombent étouffés au milieu de la carrière.

L'homme qui ne sait pas respirer ne sait rien; l'homme qui sait respirer non-seulement n'a plus rien à apprendre, mais encore n'a plus besoin de quoi que ce soit au monde.

M. Lutterbach le prouve.

L'art de la respiration remplace à lui seul le médecin, le bois à brûler, le dentiste, le charbon de terre, le cachou, le soufflet, les coupés à deux francs, la sagesse, la viande, les gilets de flanelle, la pommade pour les lèvres, le sein de la nourrice pour les enfants, et les Auvergnats pour tout le monde : cet art, enfin, est souverain contre les peines de l'âme. Prouvons-le après et d'après M. Lutterbach.

Il y a neuf manières de respirer :

La respiration buccale, *idem* nasale, *idem* nasa-buccale, *idem* bucca-nasale, *idem* abandonnée, *idem* balancée, *idem* progressive, *idem* prolongée, *idem* rebondie.

La respiration rebondie est la respiration souveraine, celle à laquelle doivent tendre tous nos efforts.

Nous disions donc : l'art de respirer remplace le médecin.

En effet, la respiration *rebondie* préserve de la paralysie ; la *nasa-buccale* guérit le rhume du cerveau, en y joignant des bas de laine (textuel); la *bucca-nasale*, du rhume de poitrine ; la respiration *rebondie*, avec un peu de respiration *balancée*, est souveraine contre l'asthme.

Plus de bois à brûler ni de charbon de terre ! c'est la respiration rebondie qui procure cette économie. — Citons textuellement :

« Nous la recommandons à ceux que le froid incommode ; dans ce cas, aussitôt qu'ils s'exposeront à l'air, ils n'auront qu'à faire cinq ou six fois la *respiration rebondie*, pour sentir par tout le corps une chaleur plus douce et plus durable que celle des foyers. »

L'art de la respiration rend le dentiste inutile :

« La respiration progressive guérit le mal de dents. »

Mais, me direz-vous, qu'entends-tu par la respiration progressive et la respiration rebondie?

Je vais vous le dire :

« Pour établir la respiration progressive, on aspirera en deux ou trois temps, mais en prenant le plus d'air possible pour le laisser s'échapper de la manière suivante : par l'effet de la pression des lèvres l'air s'échappera avec plus de difficulté et sera poussé comme par coups de soufflet en un temps pour la première aspiration, deux pour la seconde, et trois pour la troisième. »

Pour remplacer le soufflet, servez-vous de la respiration nasa-buccale (p. 4).

« On aspire le plus d'air possible par le nez, du côté opposé au feu ; puis la bouche revient pour souffler dans la direction du feu ; mais, au lieu de pousser l'haleine comme d'habitude, on laisse la poitrine se dégonfler naturellement, de même que pour soupirer, et les lèvres prolongent le jet de l'air en se transformant en bout de soufflet ; la tête se retourne pour reprendre de nouveau haleine par le nez, et revenir souffler dans la première position, et ainsi de suite. »

Le vin, la limonade, etc., ne sont remplacés que par la respiration progressive (p. 7).

« Quelques minutes de ce puissant effet de la respiration progressive donnent le merveilleux moyen de se désaltérer sans boire. »

A quoi bon des coupés à deux francs l'heure, si la respiration nasa-buccale, bien pratiquée, vous enlève toute fatigue et vous permet de courir avec une grande rapidité?

Bâiller ou rire à contre-temps, c'est-à-dire bâiller aux choses réputées belles, rire des choses dites sérieuses, suffit et au delà pour déconsidérer un homme; c'est la respiration nasa-buccale modifiée, c'est-à-dire plus nasale que buccale, qui vous feront passer pour un homme grave et surtout pas trop spirituel, ce qui excite la haine.

« La nasale a aussi le pouvoir de comprimer ce rire involontaire, ce rire nerveux qui souvent vient mal à propos nous faire taxer d'indiscrétion. »

La nasale aussi remplace le gigot de mouton et le bifteck (p. 14).

« Un cas plus sérieux réclame l'emploi de la nasale, car elle a aussi le pouvoir d'amortir ces tiraillements que l'estomac éprouve quand la nourriture lui fait défaut; effet produit par l'intestin digestif, qui ronge, pour ainsi dire, les chairs quand il ne peut plus agir sur les substances alimentaires; la nasale, en le mettant en état de sommeil, nous donne le moyen de différer l'heure du repas sans nuire à la santé. »

C'est-à-dire que la respiration nasa-buccale tranche la question de l'abaissement du prix de la viande, et une foule d'autres questions dont je parlerais, si je voulais *parler politique*. Toujours est-il que, contrairement à l'opinion de M. Lutterbach, qui préfère la respiration rebondie, je serais fort tenté de donner la prééminence à la respiration nasa-buccale.

Mais il ne sied guère à un homme qui ne sait que de ce matin la théorie de la respiration, à un homme qui a respiré depuis quarante ans avec une honteuse incorrection, de prétendre contre-carrer les préceptes du maître.

C'est la *respiration balancée* qui, en vous permettant de faire, sans fatigue, les plus rudes travaux, de porter des poids exorbitants sans vous en apercevoir, vous rend à jamais inutile le secours des Auvergnats.

Cette même respiration balancée, pratiquée dans les temps froids, dispensera de l'usage de la pommade rosat contre la gerçure des lèvres.

La respiration progressive est, certes, une jolie respiration ; mais ce n'est rien auprès de la respiration rebondie.

Dis-moi comment tu respires, je te dirai qui tu es.

Voici la manière de pratiquer la respiration rebondie ; rien n'est si simple :

« Malgré que la respiration rebondie présente à peu près la même exécution que la progressive, elle a néanmoins plus de puissance pour vivifier le corps ; la différence consiste à reprendre le second temps d'aspiration avec plus de force et comme par rebondissement, en agissant de même pour le troisième, s'il y a lieu. Les deux ou trois temps d'expiration doivent se conduire le plus naturellement possible, mais toujours en retenant l'haleine par la pression des lèvres, en proportion de la force que l'on veut soutenir; de leur côté, les épaules soutiennent les temps d'aspiration par deux ou trois tours, de même que dans la progressive, c'est-à-dire comme pour faire tourner une meule, en ayant soin que ces tours d'épaules laissent les bras en plein abandon, et que ce mouvement cadencé s'accorde avec les temps de l'aspiration. »

Pour remplacer le cachou, c'est-à-dire pour purifier l'haleine, c'est à la *respiration prolongée* que vous devez avoir recours; c'est encore très-facile.

Citons :

« On suit, pour la respiration prolongée, les mêmes principes que pour la *progressive;* seulement, on prolonge l'aspiration par les mouvements qui suivent: quand les épaules s'élèvent, le corps se soulève, et s'abaisse lorsqu'elles redescendent; on prolonge, de plus, chaque temps d'aspiration en poussant en dehors et avec abandon chaque hanche à tour de rôle, tandis que les épaules se portent à l'opposé. L'ensemble de ces mouvements doit imprimer au corps un léger mouvement de torsion en même temps que celui de spirale. »

Un enfant crie, vous l'apaiserez en lui donnant le sein de la nourrice; mais vous n'êtes pas nourrice, vous n'avez pas de sein, ou vous n'avez pas de lait. — Au moyen de la respiration nasale que vous faites pratiquer à l'enfant, un peu malgré lui, vous apaisez ses vagissements.

« Par l'effet de la nasale, certaines nourrices pressent le haut de la tête de leur nourrisson pour faire cesser leurs cris. »

Page 12, il est expliqué que, lorsque les médecins ordonnent de porter des gilets de flanelle, on doit leur obéir ou pratiquer la respiration rebondie; le résultat est absolument le même.

Enfin, si vous avez été trahi par un ami ou par un amant; si vous avez le cœur trop plein, la *respiration balancée* (p. 6) vous soulagera en faisant exhaler vos soupirs; mais, dans ce cas grave, il faut pratiquer la respiration balancée avec quelque modification (toujours p. 6).

« Nous profiterons complétement des bienfaits de la respiration balancée si, en aspirant, nous élevons les épaules pour qu'elles retombent par une espèce d'abandon d'accord avec le mouvement de l'haleine qui s'écoule de la poitrine. »

Si vous ne levez pas les épaules et que vous ne soyez pas consolé, vous ne pourrez vous en prendre qu'à vous.

Je me suis, pour ma part, consolé de beaucoup de choses en levant les épaules.

Une seule objection à faire à M. Lutterbach, pour respirer correctement et conformément à ses principes, il faudrait n'avoir pas autre chose à faire, à cause de l'application qu'exige l'art de respirer.

En effet, avec un peu de distraction et d'indifférence, vous pouvez commettre les plus graves erreurs, confondre la respiration rebondie avec la respiration progressive, et *vice versà*; la respiration bucca-nasale avec la respiration nasa-buccale, et je vous laisse à penser quels désordres en seraient la conséquence inévitable.

Mais on ne peut s'empêcher d'être épouvanté quand on fait cette réflexion ; Grisier, le maître d'armes, disait :

— Il y a neuf parades ; la neuvième est la dernière et la plus mauvaise : elle se fait avec le corps.

Eh bien, il y a neuf manières de respirer ; la neuvième, la plus mauvaise, est celle dont presque tout le monde se sert, celle que l'instinct nous apprend.

— M. Lutterbach l'appelle *respiration abandonnée.*

CIRCONSTANCES ATTÉNUANTES EN FAVEUR DU JURY.

La *Gazette des Tribunaux* constatait l'autre jour que les viols et les attentats à la pudeur ont augmenté de 48 pour 100.

Elle constate aussi que l'accroissement des infanticides, depuis vingt-cinq ans, est de 49 pour 100.

Le journal judiciaire attribue ce résultat à la « déplorable faiblesse du jury. »

Je demande à plaider en faveur du jury « les circonstances atténuantes » qu'on lui reproche.

Mes anciens lecteurs savent que je ne marchande pas d'ordinaire la vérité à cette institution.

Oui, il est parfaitement vrai que les jurés qui, chacun en détail, et considérant en lui-même le crime d'infanticide, se montreraient, sans aucun doute, justement sévères, dans presque chaque cas particulier qui se présente, se laissent attendrir par les circonstances du fait, et montrent une indulgence qui n'est, le plus souvent, pas moins juste; c'est ce que j'ai à prouver.

La société a placé différemment l'honneur de l'homme et celui de la femme.

L'honneur de l'homme consiste dans la bravoure, celui de la femme dans la chasteté.

Mais, lorsqu'un homme a besoin de faire ses preuves, c'est au grand jour, c'est devant des témoins et amis, en face d'un ennemi déclaré. — Généralement, ces occasions ne lui arrivent pas avant l'âge de vingt et quelques années. — Si l'instinct de la conservation lui parle tout bas, l'orgueil lui parle à haute voix, et la gloire récompense son courage ; d'ailleurs, une fois l'épée à la main, l'instinct de la conservation se joint à l'orgueil. La femme, au contraire, a à défendre son honneur lorsqu'elle est encore un enfant, car la loi la considère comme mineure longtemps après qu'elle peut être amante, mère et perdue.

C'est dans l'ombre, en cachette, sans témoins — sans aucune chance de gloire, car dans les combats qu'elle a à soutenir, on sait les défaites et on ignore les victoires ; — bien pis, son adversaire parle d'une voix douce et tendre, il est le meilleur, le plus dévoué des amis.

Mais cherchons dans quelle classe de la société les infanticides sont les plus fréquents. Dans les classes riches, les filles sont surveillées par les mères et par les domestiques ; ce n'est que rarement qu'il peut leur arriver de ces accidents préalables qui amènent les cas d'infanticide ; puis, si l'accident arrive, on peut faire un voyage, aller au loin cacher la faute et le résultat de la faute ; on a le temps, on a l'argent.

Mais, dans la classe ouvrière, les pauvres filles jouissent d'une liberté dangereuse; il faut qu'elles portent à domicile les heures qu'elles vendent; leur père, leurs frères en font autant d'un autre côté, et ne peuvent les accompagner, ni les protéger.

Un homme de leur âge les voit, les rencontre, les suit sans obstacle.

Ce n'est pas tout : dans les classes aisées de la société, les hommes compensent par les études et les exercices la supériorité d'intelligence que les femmes ont reçue en partage de la nature. Ils peuvent combattre avec elles loyalement à cette guerre de l'amour.

Mais, parmi les ouvriers, dans les classes où l'esprit n'est pas cultivé, la femme, qui est mieux douée que l'homme, et qui ne lui est inférieure que dans la faculté d'apprendre, est bien plus forte que lui quand ils n'apprennent rien ni l'un ni l'autre; l'homme ne peut l'attaquer par une escrime correcte et honnête, il serait presque toujours vaincu; il a recours à la perfidie.

Un homme du monde ne s'avise presque jamais de

parler de mariage à une fille de sa classe qu'il n'est pas décidé à épouser. De la part de l'ouvrier, au contraire, rien n'est plus fréquent; il propose le mariage; dès lors une grande familiarité existe entre les futurs époux, ils se promènent seuls, le jour et le soir — et la jeune fille n'a rien qui la défende contre les instincts de la nature et de son âge. — « On attend les papiers; » c'est bien long, c'est bien loin; on a écrit « au pays. » Un soir, la fille cède aux obsessions, aux prières de celui qu'elle regarde depuis longtemps comme son mari, non pour être heureuse elle-même, mais pour donner un bonheur qu'il demande à genoux.

Alors le « vainqueur, » c'est-à-dire le traître et l'assassin disparaît; plus de papiers, plus de mariage.

La pauvre enfant est grosse; elle le cache à sa mère, qui pleurerait, à son père, qui la battrait, à ses frères, qui la mépriseraient, — si toutefois elle a une mère, un père et des frères, si les hasards et les exigences de la dure loi du travail n'ont pas depuis longtemps séparé, éparpillé cette famille.

Elle serre son corset, elle s'expose à d'horribles

souffrances; elle cache, sans se plaindre et sans se soigner, les incommodités qui résultent de sa situation, et qui sont encore aggravées par le mystère qu'elle veut garder.

Enfin le jour fatal arrive; elle a travaillé tout le jour, elle a pris un prétexte pour découcher une fois : un travail supposé; — ou bien, si elle est seule, elle rentre dans sa chambre nue, et, là, sans secours, sans consolation, sans encouragement, elle met au monde avec des douleurs d'autant plus atroces qu'elle ne se permet ni un cri ni une plainte, une pauvre petite créature qui n'aura pas de père, qui n'aura pas de protecteur, qui n'aura pas de pain, condamnée d'avance à toutes les horreurs de la misère.

Et quelles sont ses ressources? Son travail suffit à peine à soutenir son existence; car les hommes ont pris aux femmes toutes les professions qui pourraient les faire vivre; les hommes sont tailleurs, coiffeurs, commis en nouveautés, modistes, tous états que les femmes feraient mieux qu'eux et qu'ils leur enlèvent injustement et impitoyablement. Quand les professions ordinaires sont encombrées, quand ils n'ont pas un état acquis, les hommes ont toujours deux ressources, deux professions, l'une suffisamment honorée, l'autre qui devrait être réputée la première de toutes : ils peuvent se faire soldats ou agriculteurs, parce que, dans les ranges des soldats et des laboureurs, il y a toujours de la place.

La femme, quand les états qui peuvent la nourrir sont occupés par les femmes et les hommes en concurrence, n'a, elle, qu'une seule ressource, la prostitution.

Voici donc la pauvre fille grosse — dans sa mansarde; peut-être a-t-elle déjà été chassée des maisons où elle travaillait, par la férocité des femmes qui l'employaient et qui se sont aperçues de sa situation.

Il va naître un enfant; mais comment l'habiller? comment le nourrir? Elle qui a eu tant de peines jusqu'ici à subvenir à ses propres besoins! On prendra peut-être sa misère en pitié, on l'aidera, on lui procurera de l'ouvrage.

Vous vous trompez : c'est trop commode, de faire un crime aux gens de leur malheur; on a l'air vertueux — et on fait des économies.

Les femmes ne voudront plus employer une fille qui a un enfant! fi donc! quelle horreur!

Elle sera montrée au doigt dans sa maison, dans son quartier.

Et ce pauvre enfant mourra de froid et de faim; car, pour le soigner, il faudrait rester à la maison; et, si on reste à la maison, plus d'ouvrage, plus de pain et... pas de lait!

Il faut s'en séparer; mais la philanthropie de papier a supprimé le tour institué par saint Vincent de Paul, — le tour où une pauvre mère allait, à la brune, porter un pauvre petit enfant baigné de ses larmes avec une marque à ses langes pour le retrouver plus tard.

Elle l'embrassait encore une fois, le déposait dans le tour et s'enfuyait sans être vue ni connue.

Aujourd'hui, on veut que la femme aille montrer son visage et offrir aux regards sa honte et son désespoir.

On prétend que saint Vincent de Paul a favorisé la débauche, on parle de le décanoniser.

Et les moralistes, — ceux qui ont inventé à la

même époque la prison cellulaire, où l'on devient fou — les moralistes, disent en triomphant :

— Voyez, on dépose beaucoup moins d'enfants dans les établissements d'enfants trouvés.

Je le crois bien ! leur disais-je déjà, il y a quinze ans; mais on en dépose beaucoup plus dans les étables à porcs et dans les rivières.

Je le répète hautement, la suppression des tours est la principale cause des infanticides.

Je le répète : ne fermez pas les égouts, tant que vous avez les ruisseaux.

Il s'ensuit que les jurés, voyant par quels désespoirs, par quelles tortures la malheureuse fille a passé avant d'arriver à cette terrible folie qui lui a fait tuer son enfant, les jurés continuent à détester le crime, mais absolvent ou excusent une à une presque toutes les filles qui l'ont commis.

Rendez aux femmes les états qui leur appartiennent, donnez une valeur à la promesse de mariage, rétablissez les tours, n'accablez pas sous le mépris la fille trompée qui élève courageusement son enfant, et vous verrez diminuer promptement le nombre des infanticides jusqu'à ce que ce crime devienne le plus rare comme il est le plus effroyable des crimes.

UN BON AVIS A L'AUTRICHE.

Toujours sans nous occuper de politique, disons que, si l'Autriche ne veut pas la guerre, elle semble avoir perdu la mémoire et ne se point rappeler le peuple français de Montenotte, de Castiglione, de Rivoli, de Leoben.

L'état actuel du Français — c'est-à-dire son éloignement de la guerre — demande à être examiné et expliqué philosophiquement, et il serait prudent à l'Autriche de le faire. Pour l'élite du pays, c'est-à-dire pour les hommes intelligents, c'est un progrès de la raison... Le métier de conquérant, de moissonneur de lauriers, de cueilleur de palmes, est un métier odieux, méprisable et ridicule; c'est une profession que l'on ne permettra plus à personne d'exercer; elle serait classée au premier rang des professions malsaines et incommodes, si elle n'était en même temps ridiculement inutile.

Pour le gros du pays, l'éloignement de la guerre tient à une cause accidentelle, à une sorte de maladie, à la surexcitation anormale des besoins et des préoccupations d'affaires et d'argent, l'*oïdium pecuniæ*. (Honte et responsabilité à qui de droit.)

Les airs menaçants et dédaigneux à l'Autriche suffisent parfaitement pour réveiller le véritable caractère français, qui n'est, en ce moment, qu'assoupi; et, tout éloigné que je suis de la France, je sais, comme si j'y étais, que les publications du gouvernement autrichien ont singulièrement changé les dispositions des esprits en France.

Le Français le plus ennemi de la guerre par raison et celui qui la craint le plus pour la prospérité de ses affaires sont parfaitement d'accord pour ne pas laisser humilier l'orgueil national.

Je le répète, au point de vue de l'observation, si l'Autriche ne veut pas la guerre, elle fera bien de se défier de ses hommes d'État et de leurs élucubrations.

Le *Moniteur* français publie une pièce qui se termine ainsi : « Le peuple français a la susceptibilité de son honneur en même temps que la modération de sa force ; si on l'excite par la menace, on le calme par la conciliation. »

Les intéressés feront bien, pour débarrasser la vérité des brumes du langage officiel, de renverser simplement les membres de cette phrase, et de lire :

« Si on calme le peuple français par la conciliation, on l'excite par la menace. »

PARIS VERTUEUX.

Décidément, le peuple de Paris devient trop vertueux ; c'est une population de treize cent mille Grandissons ; c'est une idylle, une bergerie sans loups. Si Fenelon revenait au monde, il pourrait croire réalisé son rêve de Salente.

Je lis dans un journal la liste des *principaux* objets

trouvés et portés avec empressement aux commissaires par ceux qui les ont trouvés.

Du 12 au 19 mars, il y en a au moins trente, et ce ne sont que les principaux ; ce n'est pas trop de supposer les deux tiers en sus pour les autres ; cela fait presque quatorze objets trouvés chaque jour et déposés à la police. Quatorze ! il est bien difficile qu'on en ait perdu autant qu'on en a trouvé.

Je ne sais rien en ce moment de si sûr que les rues de Paris. Où est le temps où Boileau s'écriait que le bois le plus dangereux était

..... auprès de Paris un lieu de sûreté !

Il y a une chose qui me paraît simple aujourd'hui : si vous serrez votre argent, votre montre dans une armoire, une commode, un secrétaire, une caisse même, on vous les vole.

Ayez une serrure Fichet, les élèves de Huret vous l'ouvrent avec un cure-dent ; prenez une serrure Huret, les sectateurs de Fichet soufflent dessus et la brisent.

Mais déposez votre bourse, vos bijoux, votre portefeuille au coin d'une borne, et allez-vous coucher tranquille; un honnête homme les trouvera et vous les gardera soigneusement. — Un garçon de caisse juge sa sacoche trop lourde, il la laisse au milieu de la rue — avec sa carte; n'importe qui buttera contre se fera un devoir de la lui porter à l'adresse indiquée.

Non-seulement il ne se fait plus, il ne se fera plus de vols à Paris, mais encore on s'occupe d'effacer et d'expier les vols commis précédemment; chacun interroge sévèrement sa conscience, et ne se passe pas la moindre peccadille.

Je lis dans un autre journal :

« Un anonyme a adressé, le 18 mars 1859, au ministre des finances une somme de 5 francs 80 centimes en timbres-poste, à titre de restitution à l'État pour fraude en matière d'enregistrement. »

Vous savez qui s'accusait d'avoir un jour de jeûne avalé une goutte d'eau en se rinçant inconsidérément la bouche — et d'avoir, en priant, tué une puce avec trop de colère.

C'est égal, nous autres philosophes grognons, nous

pouvons fermer boutique, il n'y a plus rien à faire pour nous dans ce pays où tous les saints du calendrier ne seraient peut-être pas admis. Ce qui me console, c'est que nous ne sommes pas les seuls, MM. les magistrats, MM. les avocats, MM. les gendarmes peuvent pendre au clou leurs robes et leurs habits; l'âge d'or, l'âge d'innocence est revenu...

Ah! diable! voici que je me rappelle qu'il n'est plus permis aux journaux de publier les rôles des assises.

De sorte qu'il ne faut pas trop se fier à la statistique de la vertu parisienne.

Laissez votre bourse dans les fiacres, votre portefeuille sur un banc de théâtre, votre montre sur une borne;

Mais mettez une double serrure et une triple clef à votre appartement et à votre secrétaire.

—

Par une lettre du 23 février, M. le préfet de la Seine informe tous les agents placés sous ses ordres que M. le ministre de l'intérieur a décidé que la maison d'arrêt improprement dite *prison Mazas* serait, à l'avenir, désignée dans la correspondance officielle, comme dans les actes publics, sous le titre de *maison d'arrêt cellulaire.*

A la bonne heure! appelons donc les choses par leur nom; c'est un gros et un grand pas de fait; peut-être ce pas suffirait-il pour nous faire toucher le but;

Quand on n'appellera plus la trahison et les faux serments *l'ambition d'un grand cœur;*

Quand on ne donnera plus le nom de vente à faux poids et de sophistication au vol et à l'empoisonnement;

Quand on ne décorera plus le meurtre, l'incendie, le pillage du nom sonore de gloire;

Quand le diable en un mot et ses représentants sur la terre permettront qu'on mette sur toutes leurs fioles les vrais noms des drogues qu'elles contiennent, nous n'aurons plus rien presque à faire — et un nouveau soleil se lèvera qui éclairera les esprits, — et, après les âges que nous avons vus, — les âges d'or, d'argent, d'airain, de chrysocale, de papier, de boue, de fer, etc., nous verrons l'âge du bon sens.

L'HOMME LE PLUS MALHEUREUX DU MONDE

L'homme le plus malheureux du monde en ce moment est évidemment lord Cowley; depuis un mois, on le considère comme l'Alexandre qui doit dénouer le nœud gordien, comme l'Œdipe qui doit deviner l'énigme du sphinx.

Aura-t-on la paix? aura-t-on la guerre? Cela dépend de la mission de lord Cowley; lord Cowley seul le sait; on ne peut rien dire tant que lord Cowley n'a pas parlé; à lui seul de dévoiler le présent et l'avenir.

— Mais parlez donc, lord Cowley! crie le monde en chœur.

Et le monde entier se tait, le cou tendu, le visage tourné vers lord Cowley.

Conticuere omnes, intentique ora tenebant.

Mais je crois que lord Cowley, n'a rien fait, n'a

rien pu faire, ne peut rien faire — qu'il ne sait rien de rien.

Aussitôt qu'il aura ouvert la bouche, et qu'il aura dit : « Je ne sais rien, » il aura le sort d'une de ces brillantes bulles de savon qu'un enfant tient suspendue au bout d'un chalumeau.

Il souffle et la boule s'enfle et grossit ; elle reflète les plus brillantes et les plus harmonieuses couleurs du prisme ; puis tout à coup elle éclate et disparaît !

Trois ou quatre petits mots des congrès en général et du futur et prochain congrès en particulier.

Un congrès, vingt congrès, cent congrès feraient une besogne comme celle que l'on appelle les traités de 1815, — c'est-à-dire une coalition triomphante, faisant des traités avec une nation vaincue, décimée, envahie — c'est-à-dire lui imposant sa volonté, que ces traités devraient être respectés et seraient respectés juste aussi longtemps que ceux qui les ont imposés seraient les plus forts.

Il m'est impossible de trouver à cela une autre comparaison que celle-ci :

Un homme est tombé dans un guet-apens ; on lui

serre la gorge, on le bâillonne et on lui fait signer des billets et des lettres de change ; mais, aussitôt qu'il est libre, il va faire sa déclaration au commissaire. En fait de traités politiques, ce commissaire, c'est la Providence, la justice publique; c'est une puissance accrue par un bon gouvernement, c'est une armée nombreuse et disciplinée, c'est une flotte redoutable, c'est un état de finances prospère et assuré, c'est l'indignation du peuple vaincu et opprimé, de Samson auquel ses cheveux commencent à repousser ; c'est une haie vive de poitrines humaines, autrement forte que la muraille de porcelaine de la Chine — cette grande tasse à thé bien fêlée aujourd'hui.

Certes, je suis bien ennemi de la guerre, je fais un cas bien piètre des lauriers et des palmes cueillis pour eux-mêmes, — mais je trouve permise et sainte une guerre faite pour la liberté.

Les seuls traités respectables sont ceux qui sont faits comme tous les actes valables, c'est-à-dire librement, chacun des contractants apportant son consentement spontané.

C'est après une longue paix dont aucun signe n'annoncerait la fin, qu'il serait raisonnable et juste de faire des traités fixant les limites et les intérêts des nations.

Voici dits mes quatre mots sur les congrès et les traités en général; passons à mes quatre mots sur le congrès futur et prochain.

La situation est celle-ci : l'Italie est impatiente du joug de l'Autriche; le Piémont « ne peut rester insensible aux souffrances et aux cris de détresse de l'Italie. »

L'Autriche est prête à faire toutes les concessions qui n'attaqueront en rien ni sa puissance, ni ses limites anciennes et nouvelles, ni ses volontés, ni ses caprices.

L'Angleterre propose un congrès.

A ce congrès assisteront la Russie, l'Angleterre, la France et... l'Autriche.

Il n'est question ni du Piémont ni d'aucun État italien.

Quel rôle jouera l'Autriche dans le congrès? Est-ce le rôle d'avocat? Mais alors qui défendra la partie adverse? L'avocat doit avoir un autre avocat en face de lui; la cause plaidée, les avocats se taisent, attendent et écoutent la sentence des juges.

Est-ce le rôle de juge? Alors l'Italie et le Piémont sont accusés, coupables! on les jugera sans les entendre! — à quoi bon alors, puisque l'Italie est déjà condamnée et exécutée?

L'Autriche ne doit assister à ce congrès que si le Piémont représentant l'Italie y assiste également, et tous deux y doivent avoir ou n'y pas avoir voix délibérative — au même titre et au même degré.

Autrement, ce congrès sera une mauvaise plaisanterie, il n'obligera personne; ses décisions seront considérées comme non avenues, et il ne servira que d'armistice pour achever les préparatifs de la guerre.

VIEILLES PHRASES, VIEUX MENSONGES, VIEUX GALONS.

Ah! lord Derby, si j'étais Anglais, comme, dans les nouvelles élections qui se préparent, j'irais avec enthousiasme voter contre vous, contre vos amis, contre vos partisans!

Mais je vais regarder ce qui va se passer, et ce sera pour moi un spectacle instructif.

Voilà quelque temps déjà — je ne veux pas préciser davantage la date — voilà quelque temps que je commence à soupçonner fortement qu'il faut mener les hommes avec des phrases plus qu'avec des raisons; que l'écuyer du cirque empanaché, que le dentiste de place publique en habit rouge, que l'avaleur de sabres et de souris vivantes, auront toujours plus d'influence sur la foule que tous les héros véritables et les véritables chercheurs du vrai, du juste et du beau appelés savants, philosophes et poëtes.

Devant le public, le héraut couvert de broderies et de dorures fera plus d'effet que le héros qu'il précède, vêtu d'un pourpoint usé aux coudes comme Henri IV. Ça avait fini par être l'avis de Napoléon Ier; il avait conquis sa gloire militaire en petit habit vert échancré et en redingote grise; eh bien, sur la fin, il avait arboré, lui aussi, des chapeaux à plumes, des manteaux de velours semés d'abeilles et des oripeaux variés, parce qu'il avait compris que, dans la profession qu'il avait embrassée, il ne s'agissait pas seulement d'obtenir l'assentiment, l'admiration et le concours des esprits élevés et des gens de bon sens, — mais qu'il lui fallait la foule, qui dit sans cesse ce que les Hébreux disaient à Moïse : « Faites-nous des dieux d'or que nous puissions voir, suivre et adorer; » la foule qui noya sous ses crachats X..., qui refusa de leur faire de ces dieux pendant l'absence de Moïse; — la foule qui finit par adorer le veau d'or.

Soyez sûrs que Napoléon Bonaparte, lorsque, à Sainte-Hélène, il songeait à la place qu'il occuperait dans l'histoire, espérait bien que l'histoire lui rendrait le petit chapeau, le petit habit vert échancré et la petite redingote grise, en même temps que la somme de grandeur qui lui est due.

J'en voulais donc revenir à ceci, que, le 4 avril 1859, lord Derby a prononcé à la chambre des lords les paroles que voici :

« Si nous avions consulté notre convenance plutôt que *l'intérêt public*, je crois que, tous mes collègues et moi, nous nous fussions *empressés d'accep-*

ter l'occasion offerte de nous libérer de la responsabilité officielle et de *rentrer dans la jouissance de la vie privée.* Mais il y avait de grands dangers auxquels il fallait parer avant de consulter *notre convenance personnelle.* »

Eh bien, vrai, je croyais qu'il y avait de ces vieilles phrases qu'on n'osait plus dire aux hommes de ce temps-ci : — *le fardeau du pouvoir* — *les douceurs de la vie privée* — *le dévouement aux intérêts publics amenant le sacrifice de la liberté* — *les charmes de la retraite,* etc.

On a dit avec raison, à un homme qui s'était fait beaucoup de chagrin à propos d'une *Iphigénie* quelconque : « Il est si facile de ne pas faire une tragédie en cinq actes ! »

Il est encore plus facile de ne pas être ministre de Sa gracieuse Majesté Britannique. J'ai bien entendu parler d'une *presse* pour la marine anglaise et d'hommes qu'on enlevait malgré eux dans les rues de Londres quand on manquait de matelots. Je suppose même que ce procédé n'est plus en usage ; mais je n'ai pas ouï dire qu'à aucune époque, dans la

Grande-Bretagne plus qu'ailleurs, on ait eu besoin de recourir à la force, à la ruse, ni à une condamnation judiciaire pour se procurer des ministres, des chanceliers, des rois, des empereurs, des sultans, des beys, des deys, des schahs, des czars, des hospodars, etc. Il m'a toujours semblé, au contraire, que le *marché* en est abondamment fourni, qu'il y a un grand nombre de ces gens-là sans place et sur le pavé et très disposés à accepter une autre place, sans discuter les conditions, du moins pour commencer, sauf à les modifier plus tard.

J'avais quelquefois constaté que ces hommes d'État et ces potentats mis *à pied*, c'est-à-dire, pour parler comme eux, « rendus aux douces joies de la vie privée et de la retraite, » ne se retiraient guère loin, ni à une distance où il fût difficile d'aller les chercher et les faire revenir en quelques heures. De ce temps-ci, le seul qui se retira aux champs et dans la retraite fut M. Molé, et il n'alla que jusqu'à son domaine de Champlâtreux, où le bruit des affaires arrivait parfaitement en deux heures avec un fiacre.

M. Guizot, une fois, s'en alla à Trouville ; mais,

pour s'entretenir la main, il faisait des discours aux banquets de Lisieux et il disait : « Enrichissez-vous. »

Signal d'une curée qui ne paraît pas encore terminée.

Lesdits hommes d'État, comme les prétendants aux divers trônes, principautés, etc., aussitôt qu'ils sont débarrassés « du fardeau des affaires publiques et du pouvoir, » n'attendent pas une minute pour mettre l'écriteau : Talents a louer, désintéressement a vendre, dévouement d'occasion.

De tout cela, les exemples sont si fréquents, si communs, que j'avais espéré que, dans le très-petit nombre des progrès obtenus, on pourrait peut-être compter celui-ci, qu'on n'oserait plus jouer cette comédie usée, et prononcer ces paroles ridicules.

Nous allons donc voir si l'on va, en Angleterre, avoir l'esprit de prendre les phrases de lord Derby au mot, être touché de son dévouement pour les intérêts publics, mais, en même temps, le rendre aux douceurs de la vie privée, qu'il regrette d'une façon si touchante, — et cela non pas à la chambre des communes, mais devant l'assemblée aristocratique, devant des personnages, non pas plus éclairés que les membres de la chambre des communes, mais qui ont vu plusieurs fois les représentations de la vieille comédie en question, qui la savent par cœur et sont plus portés que d'autres à la siffler.

Allons donc! ceux qui se mêlent aux affaires publiques sont des ambitieux; il n'y a qu'une passion qui puisse donner la force de s'exposer aux injures, à l'injustice, à la calomnie, à l'ingratitude.

Mais il y a des ambitieux de plusieurs sortes et de plusieurs rangs.

Je ne veux pas parler des rapaces et des avides.

Parmi les ambitieux, il y en a qui, avec une légitime conscience de leur valeur, ont l'orgueil d'avoir agrandi leur pays — les uns en large, c'est-à-dire en territoire, ce sont les conquérants, maudite et misérable espèce — les autres en hauteur, c'est-à-dire en lumières et en liberté, ce seraient les philosophes.

Il y a d'autres ambitieux qui se trompent sur leur valeur, sur leur puissance, sur eux-mêmes, sur les autres; ceux-là sont des acteurs à siffler.

LA MÉDECINE DE TOUTES LES COULEURS.

Si vous le voulez bien, nous allons parler un peu de M. Vriès, dit le docteur Noir; je vais d'abord rappeler en très-peu de mots les faits qui le concernent.

Un bruit se répandit tout à coup, il y a quelques mois, que M. Sax, un homme fort intéressant par ses talents, son caractère et ses malheurs, venait d'être miraculeusement sauvé d'une maladie déclarée incurable par les « princes de la science, » et que son sauveur était une sorte d'Indien, de magicien, de psylle, etc., appelé M. Vriès.

Un banquet fut donné par de nombreux amis à M. Sax et à M. Vriès, et, dans le compte que les journaux rendirent de ce banquet, on nomma les médecins et les chirurgiens illustres qui avaient déclaré M. Sax atteint d'un cancer que, vu les circonstances particulières et son espèce, ils déclaraient unanimement incurable.

On racontait que M. Vriès avait mis six mois à guérir M. Sax ; que, pendant deux mois, la maladie avait semblé empirer, qu'elle était ensuite restée assez longtemps stationnaire, puis enfin, qu'elle était entrée dans la période décroissante pour finir par la guérison radicale.

Pour sa gloire et pour sa fortune, M. Vriès avait rencontré une heureuse chance ; l'homme qu'il venait de guérir a de nombreux amis parmi les prêtres des arts et du journalisme, c'est-à-dire parmi ceux qui pétrissent, chaque soir, les opinions sur toutes choses pour la nourriture spirituelle qui doit être distribuée le lendemain matin aux populations.

Le public s'émut si fortement, que la science légale et constituée dut faire une concession et prendre la voie que je soutiens depuis quinze ans être son devoir rigoureux : elle consentit à faire la lumière.

M. Velpeau, le célèbre chirurgien, donna un exemple digne des plus grands éloges ; il livra à M. Vriès une salle dans l'hôpital placé sous sa direction, et on mit dans cette salle un certain nombre de malades réputés incurables, auxquels M. Vriès devait appliquer les moyens curatifs qui avaient sauvé M. Sax.

Voilà, si je ne me trompe, la première phase des faits exactement rapportée.

M. Vriès se mit à l'œuvre : deux mois se passèrent.

Tout à coup M. Velpeau lit à l'Académie un mémoire plein d'âcreté dans lequel il déclare que M. Vriès n'a pas guéri et *ne guérira pas* un seul malade ; deux sont déjà morts entre ses mains. Il propose l'expulsion de M. Vriès de l'hôpital de la Charité, et cette expulsion est prononcée et effectuée.

Eh bien, mon opinion est que la science constituée et légale, et M. Velpeau chargé de la représenter en cette circonstance, se sont trompés aussi complétement qu'il est possible à l'homme de le faire, et il a cependant en ce sens une terrible puissance.

Ou M. Vriès est un homme possesseur de secrets thérapeutiques précieux au moyen desquels il a guéri M. Sax, déclaré incurable par les « princes de la science, »

Ou M. Vriès est un charlatan ignorant et avide.

Tout le monde est d'accord qu'il n'y a pas une autre

hypothèse à faire. Commençons par l'hypothèse bienveillante, qui a pour elle un argument puissant, la guérison de M. Sax.

Aucun des autres médecins ne connaît les médicaments, ni la préparations d'iceux, ni les moyens et procédés employés par M. Vriès; il n'y a donc pas de critique de détail à faire, ni de modifications à proposer; il faut admettre les conditions posées par M. Vriès. Il a demandé six mois; c'est le temps employé à la guérison de M. Sax.

C'est au bout de deux mois qu'on arrête brusquement l'expérience; il est mort deux malades; les autres ne sont pas guéris.

Espérait-on qu'une maladie jusque-là réputée incurable quand elle est entourée de certaines circonstances, fût devenue tout à coup la seule maladie dont on ne mourût pas?

M. Vriès s'était-il engagé à guérir en deux mois? n'a-t-il pas, au contraire, été constaté qu'au bout de deux mois du traitement qui a sauvé M. Sax son état paraissait plutôt empiré?

Il fallait donc attendre les six mois.

Ces deux malades qui sont morts, la médecine ordinaire et légale les eût-elle guéris? Non, puisque vous déclarez leur maladie incurable; et les autres, les auriez-vous guéris en deux mois? Ni en deux mois ni en six; ils sont également incurables.

Que peut-il leur arriver de pis avec M. Vriès?

De mourir.

Que peut-il leur arriver de mieux avec vous, maintenant que vous avez expulsé M. Vriès?

De mourir, puisque vous les avez déclarés incurables. Où était alors l'inconvénient de laisser l'expérience se continuer jusqu'au terme fixé par M. Vriès?

Vous dites : « M. Sax n'avait pas un vrai cancer. »

Qui s'est trompé en ce cas? Ce n'est pas M. Vriès!

Deux des malades de la salle confiés à M. Vriès vont un peu mieux; mais ceux-là sont rangés dans une catégorie à part; leur maladie nous est suspecte.

Est-ce à dire que vous déclarerez n'avoir pas été malades tous ceux qui se trouveront avoir été guéris, et que vous ne reconnaîtrez malades que les morts?

Pourquoi, si leur maladie n'est pas suffisamment constatée, les avoir confiés à l'expérience de M. Vriès ?

Pourquoi encore avoir permis que les élèves traitassent M. Vriès avec toutes sortes de formes dérisoires pendant l'expérience ?

Pourquoi avoir autorisé ou souffert la publication d'une brochure contre M. Vriès par un élève en chirurgie ?

Votre devoir était de le faire respecter pendant tout le temps de l'épreuve convenue.

Vous dites que la cure de M. Sax est un hasard. Alors M. Vriès a de la chance, une chance que vous n'avez pas. — Pourquoi ne pas laisser partager cette chance à des malades que vous êtes sûr, vous, de ne pas sauver ? Peut-être n'en aurait-il sauvé qu'un ; celui-là, vous le condamnez à mort, vous qui êtes sûr de ne pas le sauver.

Passons à la seconde hypothèse :

« M. Vriès est un charlatan ignorant et avide. »

De même que j'ai dit, à propos de la première hypothèse, qu'il y avait un argument puissant en faveur de M. Vriès, il y a, à propos de la seconde, une certaine âpreté à l'égard de l'argent qui milite contre le docteur Noir; mais poursuivons.

Si M. Vriès est un charlatan, il fallait, pendant que vous le teniez, le démasquer complétement; il fallait observer religieusement les conditions acceptées; il fallait jusqu'à la fin vous conduire convenablement avec M. Vriès, et obliger vos élèves à le respecter jusqu'à la dernière seconde des six mois demandés, accordés, convenus.

Que votre conviction, mon cher monsieur Velpeau, soit complète aujourd'hui dans le sens de la seconde hypothèse, je le veux bien; mais cela ne suffit pas. Il fallait porter cette conviction dans l'esprit du public, et, pour cela, il ne fallait rien laisser à objecter pour M. Vriès et pour ses partisans.

Tandis qu'ils peuvent dire aujourd'hui :

— M. Vriès a demandé six mois pour son expérience; on lui a fermé la porte au nez après deux mois. Il a été un objet de dérision pour les élèves, et l'un d'eux a même imprimé une brochure contre lui.

On a obligé M. Vriés d'abandonner les malades de la Charité au bout de deux mois.

Eh bien, M. Sax, *qui est guéri*, n'aurait pas été guéri si M. Vriés l'avait quitté au bout de deux mois.

Une jambe est cassée et remise; un chirurgien dit au malade : « Vous marcherez dans un mois. » Si le malade, au bout de huit jours, disait au chirurgien : « Je ne peux pas marcher, vous êtes un charlatan, allez-vous-en ! » que dirait le chirurgien ?

Pour résumer : si M. Vriés possède réellement un spécifique contre le cancer, vous avez privé vos malades de la Charité des bienfaits de ce spécifique.

Car, si ce spécifique existe, vous ne le connaissez pas et M. Vriés le connaît; donc, lui seul pouvait dire les moyens d'action et l'espace de temps qu'il lui faut pour agir; le temps qu'il avait demandé, d'ailleurs, ne dépassait pas celui qu'il lui a fallu pour guérir M. Sax, qu'il a guéri et que vous aviez déclaré incurable.

Si M. Vriés n'a pas de spécifique, si c'est un charlatan effronté et avide, il n'est pas suffisamment démasqué; vous lui laissez des moyens de défense très-plausibles, et il fera des dupes en aussi grand nombre qu'il lui plaira.

Donc, pour une fois que vous avez l'air de vous rendre à la raison et de provoquer la lumière, vous n'avez fait que frotter des allumettes dont vous avez voulu allumer un petit bûcher et non une lampe.

M. Velpeau se sentait remuer dans le cerveau un rapport très-spirituel, quoique mêlé d'un peu trop de lazzi et de turlupinades; — mais un discours n'est pas un enfant qui ne peut pas attendre et qui doit absolument naître au bout d'un certain terme de gestation.

LA GUERRE.

Il y a deux sortes de guerres :

L'une est sainte; c'est celle qui se fait pour l'indépendance, pour la liberté, pour la défense de la patrie, du foyer, de la famille. A cette guerre, les femmes envoient leurs maris, les mères envoient leurs fils, les jeunes filles envoient leurs frères et leurs fiancés, et, de leurs mains délicates, elles effilent de la charpie pour leurs glorieuses blessures, en n'adressant que tout bas leurs prières à la Vierge ; tandis que les petits enfants retiennent leurs larmes pour ne pas amollir le cœur de leurs pères, et que les vieilles femmes font bouillir l'huile pour jeter sur la tête des assiégeants.

A cette guerre-là, frappez fort, frappez sans ménagement. Si les armes, si les mains vous manquent, faites comme Cynégire, le frère d'Eschyle, servez-vous des dents ; car, je le répète, cette guerre-là est permise, cette guerre-là est sainte ; toutes les cruautés, toutes les plaies, de quelque main qu'elles soient faites, tout le sang, de quelque main qu'il soit versé, seront mis au compte, au compte terrible des agresseurs et des tyrans.

Il est une autre guerre, la plus odieuse, la plus grotesque, la plus criminelle, la plus ridicule des folies humaines. Celle-là a pour mobile une vanité bête et féroce qu'on est convenu d'appeler « l'amour de la gloire. »

Les fous furieux qui la font se décorent du titre de héros et de conquérants; les fous idiots qui la laissent faire, se laissent appeler « braves compagnons; » en réalité, ils ne sont compagnons que pour les coups.

On donne à ces actes de rage insensée des noms gracieux et bucoliques : ces gens vont « cueillir des lauriers, moissonner des palmes, » comme les filles vont aux champs cueillir des pâquerettes et des bleuets.

Ils vont, en réalité, cueillir des bras et des jambes, faire des tas de cadavres mutilés, arroser les moissons détruites avec du sang et des cervelles humaines.

Voici deux héros, deux conquérants en présence :

Chacun d'eux range ses soldats; des fils, des frères, des fiancés, de jeunes pères de famille; il les range comme des quilles; puis la partie commence, les canons lancent les boules, les quilles tombent. Comme ces quilles vivantes ne peuvent se ramasser et se remettre debout comme les quilles de bois, on les remplace par d'autres hommes qui sont abattus à leur tour.

La partie finie, quand un des deux héros est fatigué, on compte les morts.

— Moi, j'ai trois mille cadavres que vous m'avez faits; mais je vous en ai fait trois mille deux cents.

— Rendons grâce au Ciel, nous sommes vainqueurs! réjouissons-nous, rentrons triomphalement dans les villes; on nous dresse des arcs de triomphe! les jeunes filles vêtues de blanc nous présentent des fleurs!

Eh bien, et ces trois mille morts, et ces six mille mutilés, et leurs vingt mille pères, mères, femmes, fiancées, sœurs, enfants qui pleurent amèrement?

Et ces cent mille paysans dont les moissons ont été ravagées, dont les chaumières ont été brûlées, qui ne peuvent donner à manger à leurs petits?

Qu'ils fassent silence. D'ailleurs, le bruit des fêtes étouffera leurs cris et leurs sanglots; c'est un grand jour, c'est un beau jour; le héros est adoré comme un dieu.

De cette guerre-là, messieurs les conquérants, messieurs les héros, — au nom du bon sens, au nom de la dignité, au nom de la liberté, je vous le déclare, le temps est passé; cette industrie de conquérants, ce métier de héros seront désormais classés parmi les petits métiers insalubres et malsains.

Les peuples ne permettront plus qu'on exerce cette profession sanglante de joueurs de quilles humaines.

Les rois qui auront cette fantaisie seront invités à se battre eux-mêmes et entre eux; ce sera au tour des peuples de juger les coups et de faire galerie; mais ils ne consentiront même plus à parier pour l'un ou pour l'autre : « les Grecs ne veulent plus payer les folies des rois. »

Quidquid délirant reges plectuntur cchivi.

Mais, cette fois, il s'agit de la liberté; il s'agit de secourir fraternellement un peuple opprimé; il s'agit de donner une leçon sévère au despotisme; voyez comme la France se lève, voyez l'air allègre et joyeux des soldats français touchant le sol italien, voyez leur confiance et leur gaieté.

Ah! c'est que, cette fois, la France marche dans sa voie, c'est qu'elle est conduite par ses instincts.

Car la guerre pour la liberté, c'est la guerre sainte.

Et ce sera un beau jour et aussi un jour curieux que celui où l'armée française traversera la France et Paris — en revenant d'assurer la liberté de l'Italie.

PFEFFEL.

La ville de Colmar élève une statue à PFEFFEL, un poëte français qui écrivait en allemand — en très-bon allemand même — et qui, par cela même, est beaucoup plus célèbre en Allemagne qu'en France.

La fête est définitivement fixée au 5 juin prochain. Le comité de patronage et le comité local sont nommés; les sociétés chorales du Haut-Rhin seront conviées à la fête et chanteront, lors de l'inauguration de la statue du poëte, une cantate dont les paroles sont de M. Auguste Stœber et la musique de M. Joseph Heyberger, de Mulhouse; ces sociétés et les corps de métiers de Colmar formeront un cortége qui parcourra les principales rues de la ville. Dans la journée, il y aura des jeux et amusements populaires au Champ de Mars, musique sous le kiosque et concert au théâtre. Le soir, les édifices publics et les promenades du Champ de Mars seront illuminés, et les sociétés de chant réunies exécuteront sous le kiosque des chœurs d'ensemble, entre autres le chant populaire *la Pipe*, dont les paroles sont de Pfeffel.

Nous parlerons tout à l'heure de cette fameuse chanson de *la Pipe*.

Disons d'abord que Konrad-Gottlieb Pfeffel, né à Colmar en 1736, était devenu aveugle à vingt et un ans.

Il avait une fiancée; il lui rendit sa promesse; mais elle refusa de la reprendre et voulut lui consacrer sa vie.

Lorsque Pfeffel mourut en 1809, sa veuve se mit au lit le lendemain de ses funérailles et n'en sortit plus que lorsqu'on la porta à côté de son mari.

Pfeffel a fondé à Colmar une école militaire d'où sont sortis beaucoup de nos contemporains les plus célèbres.

En 1803, par amitié pour le préfet Desportes, il accepta les fonctions de secrétaire interprète de la préfecture du Haut-Rhin.

En 1806, trois ans avant sa mort, l'empereur Napoléon, apprenant qu'il était pauvre, lui fit offrir une pension.

Pfeffel accepta en envoyant quelques vers dont voici le sens :

« Tu viens me chercher dans ma solitude avec un bienfait; — je le reçois avec plaisir, car je ne t'ai jamais flatté, César; et ton bienfait nous honore tous les deux. »

En 1793, on parla d'édifier un temple à la Raison.

Pfeffel publia cette épigramme :

« On décrète un temple à la Raison; c'est une grande idée; mais permettez-moi de présenter humblement une petite motion : avant de consacrer le temple, commencez par décréter la raison. »

Le chant célèbre de *la Pipe* est d'une grande simplicité; la simplicité est, du reste, le caractère du talent de Pfeffel.

Il fut publié en 1782 et est resté populaire.

« — Dieu vous garde, mon vieil ami! Permettez-moi de voir cette pipe dont vous savourez la fumée. Un vase de fleurs de terre rouge et un filet d'or. — Combien voulez-vous pour cette pipe?

« — Ah! monsieur, ma pipe n'est pas à vendre; elle me vient du plus brave des hommes; il l'avait prise à un pacha, à Belgrade. Ah! monsieur, on fauchait les Turcs comme du regain. — Vive le prince Eugène!... »

Dans une bataille, le capitaine du vieux soldat est renversé de cheval par des janissaires.

« Je fis, dit-il, ce qu'il aurait fait pour moi : je l'emportai du champ de bataille. »

Mais le capitaine meurt en mettant sa pipe et sa bourse entre les mains de son vieil ami.

« Je laissai, dit-il, l'argent à notre hôte, victime de la guerre, et je gardai la pipe pour moi.

« Devant Prague un coup de feu m'enleva une jambe; ma pipe était dans ma botte.

« — Oh! mon dieu, ma pipe! m'écriai-je.

« Elle n'était pas cassée, monsieur.

« — Comment s'appelait l'homme qui a mérité un

si bon souvenir, mon vieux brave? Je veux l'admirer et l'envier.

« — Monsieur, il s'appelait Walter, et ces collines que vous voyez sur la rive du Rhin étaient à lui.

« C'était mon grand-père, cher et respectable vieillard, et ce bien est aujourd'hui à moi; vous y serez désormais chez vous, et, pendant le restant de votre vie, vous boirez le vin des vignes de votre ami Walter.

« — Ah! je reconnais son fils à cette générosité. J'accepte votre proposition, et, quand je mourrai, la pipe sera à vous. »

Pfeffel a composé des pièces de théâtre, des fables, des contes. — Ses fables surtout sont très-estimées. — On y trouve de la grâce et de la sensibilité, avec une grande indépendance de caractère et d'esprit.

FIN.

TABLE DES MATIÈRES

I. — Férocité d'un marchand de gilets de flanelle.... 1
II. — De la vanité française........................ 11
III. — A propos de la propriété littéraire........... 25
IV. — De quelques vaudevillistes.................... 47
V. — Anecdotes sur Balzac.......................... 51
VI. — Lucioles..................................... 52
VII. — Comme quoi l'auteur de ce livre a failli devenir fonctionnaire public......................... 57
VIII. — La guerre des médecins...................... 63
IV. — La vérité sur le mont-de-piété............... 69
X. — Histoire d'un contemporain................... 73
XI. — A propos de blasphème........................ 85
XII. — Ceci et cela................................. 87
XIII. — Le maire de Béziers......................... 93
XIV. — De M. Babinet................................ 98
XV. — L'auteur.................................... 101
XVI. — Dire et avouer.............................. 103
XVII. — A M. le préfet du Jura..................... 104
XVIII. — L'école Veuillot.......................... 107
XIX. — Ce qu'on devrait faire des amendes.......... 110
XX. — A M. Dameth, professeur d'économie politique à Genève..................................... 113
XXI. — M. Babinet et les fourmis................... 126
XXII. — Une histoire de respectables petites gens qui ont un grand cœur............................. 127
XXIII. — La science. — Les savants. — M. l'abbé Moigno. 134

XXIV.	— Le Dictionnaire des contemporains............	154
XXV.	— Le rôle des assises.....................	160
XXVI.	— L'homme de lettres mange...............	165
XXVII.	— Tristes nouvelles du vin.................	168
XXVIII	— Suite du précédent1....................	171
XXIX.	— Du magnétisme........................	177
XXX.	— Choses gaies..........................	196
XXXI.	— Souvenirs............................	199
XXXII.	— Un moyen nouveau de vendre son vin......	207
XXXIII.	— A-propos.............................	209
XXXIV.	— Deux nouveaux aliments.................	217
XXXV.	— L'anse... du gouvernement...............	219
XXXVI.	— Des critiques.........................	219
XXXVII.	— Une économie.........................	220
XXXVIII.	— Les nouveaux canons...................	223
XXXIX.	— Un usage en danger....................	226
XL.	— Le magnétisme et les esprits.............	230
XLI.	— Les poissons et les savants...............	234
XLII.	— Il faut en finir avec les violons............	238
XLIII.	— Un phénomène........................	241
XLIV.	— Fête de carnaval......................	242
XLV.	— Le témoin............................	249
XLVI.	— Bastien..............................	251
XLVII.	— Le diable et les évêques.................	255
XLVIII.	— Une loi féroce........................	259
XLIX.	— M. Lutterbach. — L'art de respirer........	263
L.	— Circonstances atténuantes en faveur du jury.	274
LI.	— Un bon avis à l'Autriche.................	283
LII.	— Paris vertueux........................	285
LIII.	— L'homme le plus malheureux du monde.....	290
LIV.	— Vieilles phrases, vieux mensonges, vieux galons.....................................	294
LV.	— La médecine de toutes les couleurs........	301
LVI.	— La guerre............................	309
LVII.	— Pfeffel...............................	314

FIN DE LA TABLE.

Paris. Imp. PILLET fils aîné, rue des Grands-Augustins, 5.

LIBRAIRIE DE MICHEL LÉVY FRÈRES

NOUVEAUX OUVRAGES PARUS FORMAT GRAND IN-18,
à 3 francs le volume.

RAYMON
Par Mario Uchard. . . . . 1 vol.

MADAME BOVARY
Par Gustave Flaubert. Nouvelle édition. . . . 1 vol.

VESPER
Par l'auteur des Horizons prochains. . . . . . 1 vol.

LA FAMILLE DE GERMANDRE
Par George Sand. . . . . 1 vol.

LA FOIRE AUX MARIAGES
Par Amédée Rolland. 2ᵉ édition. . . . . 1 vol.

LA MALLE DE L'INDE
Par E. de Valbezen. 2ᵉ édition. . . . . 1 vol.

VALVÈDRE
Par George Sand. 2ᵉ édition. . . . . 1 vol.

LA FAMILLE, LEÇONS DE PHILOSOPHIE MORALE
Par Paul Janet, ouvrage couronné par l'Académie française. 4ᵉ édition. . . . . 1 vol.

LA BELLE AUX CHEVEUX BLEUS
Par Édouard Plouvier. 2ᵉ édition. . . . . . . 1 vol.

LITTÉRATURE ÉTRANGÈRE — ÉCRIVAINS ET POÈTES MODERNES
Par Saint-René Taillandier. . . . . 1 vol.

THÉATRE DE SALON
Par Méry. . . . . 1 vol.

L'AMANT ET L'ENFANT
Par Paul de Molènes. . . . . 1 vol.

LES SEMAINES LITTÉRAIRES
Par Armand de Pontmartin. . . . . 1 vol.

PARIS DANSANT
Par Jean Rousseau. . . . . 1 vol.

LES NUITS D'HIVER, POÉSIES COMPLÈTES
Par Henry Murger. 2ᵉ édition. . . . . 1 vol.

SOUVENIRS D'UNE DEMOISELLE D'HONNEUR
de Madame la Duchesse de Bourgogne. 2ᵉ édition. 1 vol.

LE ROMAN D'UNE FEMME LAIDE
Par Camille Henry. 2ᵉ édition. . . . . 1 vol.

LETTRES D'UN BON JEUNE HOMME A SA COUSINE
Par Edmond About. 2ᵉ édition. . . . . 1 vol.

www.ingramcontent.com/pod-product-compliance
Lightning Source LLC
Chambersburg PA
CBHW060359170426
43199CB00013B/1920